怎样做好家庭农场

HOW TO MANAGE THE FAMILY FARM

杨伟民　胡定寰　著

专家点睛　家庭农场的经营者必须是农民，是农场生产的主要担当者，并以家庭成员为农场的主要劳动力，从事适度规模的农林牧渔业生产、商品化经营，并以农业收入为家庭主要收入来源的新型农业经营主体。

中国农业科学技术出版社

图书在版编目（CIP）数据

怎样做好家庭农场/杨伟民，胡定寰著.—北京：中国农业科学技术出版社，2014.7
ISBN 978-7-5116-1694-4

Ⅰ.①怎…　Ⅱ.①杨…　②胡…Ⅲ.①家庭农场-研究-中国　Ⅳ.①F324.1

中国版本图书馆 CIP 数据核字（2014）第 123812 号

责任编辑　张孝安
责任校对　贾晓红

出 版 者	中国农业科学技术出版社
	北京市中关村南大街 12 号　邮编：100081
电　　话	（010）82109708（编辑室）（010）82109704（发行部）
	（010）82109709（读者服务部）
传　　真	（010）82106650
网　　址	http：//www.castp.cn
经 销 者	各地新华书店
印 刷 者	北京富泰印刷有限责任公司
开　　本	700 mm×1000 mm　1/16
印　　张	13.75
字　　数	210 千字
版　　次	2014 年 7 月第 1 版　2016 年 8 月第 3 次印刷
定　　价	36.00 元

◀━━━ 版权所有·侵权必究 ━━━▶

PREFACE

家庭农场的经营者必须是农民，是农场生产的主要担当者，并以家庭成员为农场的主要劳动力，从事适度规模的农林牧渔业生产、商品化经营，并以农业收入为家庭主要收入来源的新型农业经营主体。

30多年前的家庭联产承包责任制极大地解放了农业生产力，中国农业生产的组织形式再次回归农户家庭经营模式。作为农户家庭经营模式之一的家庭农场，既是促进农业经营体制机制的创新，又是建设现代农业的重要组织模式。

十七届三中全会审议通过的《中共中央关于推进农村改革发展若干重大问题的决定》在论述发展适度规模经营时，曾明确指出："有条件的地方可以发展大户、家庭农场、农民专业合作社等规模经营主体"。党的"十八大"报告进一步指出，要"坚持和完善农村基本经营制度"，"培育新型经营主体，发展多种形式规模经营，构建集约化、专业化、组织化、社会化相结合的新型农业经营体系"。2013年，中央"一号"文件也明确指出，要"努力提高农户集约经营水平。按照规模化、专业化、标准化发展要求，引导农户采用先进适用技术和现代生产要素，加快转变农业生产经营方式。创造良好的政策和法律环境，采取奖励补助等多种办法，扶持联户经营、专业大户、家庭农场"。在实践中，各地纷纷出台对家庭农场进行认定、注册和登记规定，对家庭农场给予财政、税收、保险、金融等方面的优惠政策，家庭农场的发展十分迅速。据农业部的统计，截至2012年12月，全国33个农村土地流转规范化管理和服务试点地区，已有家庭农场6 670

多个。

到 2014 年 2 月 28 日，根据《经济日报》的统计[①]，全国共有符合统计标准的家庭农场 87.7 万个，经营耕地面积 1.76 亿亩[②]，平均经营规模 200.2 亩。但是，目前理论界对家庭农场的性质还是仁者见仁、智者见智，对其意义、不足和优点落墨甚多，特别是对具体运营中存在的经营问题缺乏相应的深入研究。在实践中，对于准备创办家庭农场的"候选人"而言，直观的感受是政策的春风扑面而来。然而政策多门，遇到具体问题好多人莫衷一是，尤其缺乏具有指导性、实践性的"宝典"。

本书主要想解决以下三个问题：

第一，反映农业政策发展的重点。党的"十八大"提出了工业化、城镇化、信息化、农业现代化"四化同步"的战略部署。伴随工业化、城镇化深入推进，我国农业农村发展正在进入新的阶段，农村劳动力大量流动、农户兼业化、村庄空心化、人口老龄化趋势明显。要提高农业生产的效益，保障农民增收，就必须着力构建集约化、专业化、组织化、社会化相结合的新型农业经营体系。国家多个政策文件明确指出，积极培育并发展家庭农场这一新型农业经营主体，创新农业生产经营组织是推进现代农业建设的核心和基础。家庭农场是新型的农业生产经营主体，这种组织形式符合现阶段农业的发展，深受农民的欢迎。

第二，反映实践发展的新趋势。家庭农场，其意义更在于一种"新"的、以家庭为单位的经营模式。在欧美国家对家庭农场的定义中，这是一种农民家庭租赁、承包或者经营自有土地的农业经营形式。在美国、欧洲等地，家庭农场制度已经沿用百年，拥有中等规模，具有百年以上历史的家族农场比比皆是。事实上，家庭农场在国内的发展也不仅源于 2014 年的中央"一号"文件。北京市密云县的周末农场，有不少 20~200 亩的家庭农场，其农产品多为以经营者名字命名的自有品牌，并且建立了完整的食品安全追溯体系。而在 21 世纪初期，上海市松江县、吉林省延边市、浙江省宁波市等地，也已

[①] 乔金亮.发展家庭农场四问.经济日报，2014-02-28

[②] 1 亩约为 667 平方米，15 亩等于 1 公顷，全书同

经开始对不同类型的家庭农场进行培育。

第三，满足农民建立和完善家庭农场的需要。政府鼓励家庭农场的建立，但仍需要很长的时间来制定标准，比如明确家庭农场认定标准、登记办法，制定专门的财政、税收、用地、金融、保险等扶持政策。许多正在从事"家庭农场"的或是准备尝试"家庭农场"的普通农民和生产大户，也存在着对"家庭农场"政策理解不够，同时存在对集中连片土地从哪里来，资本、技术、管理能力从哪里来，农场产品标准、品牌如何建立，农产品质量如何提升等问题，还有对注册程序、农场财务、管理方式等方面的疑问。

家庭农场对于我国农业发展意义很大。首先，它可以帮助解决"谁来种田"问题，随着农外就业机会的增加，无论怎样提高生产力，原有"一亩三分地"上的产出根本赶不上农外就业的收入；其次，要想在18亿亩耕地上养活不断地优化食物结构的13亿人口，亟待需要吸引那些有较高文化水平的"知识"青壮年来科学种地。因此，人们需要一本有关论述家庭农场的普及性读物，关注未来家庭农场的发展前景，推进家庭农场向规范化、纵深化和宽广化发展。

为了正在投身家庭农场事业的农民朋友、从事农业宏观管理的农业部门负责人和基层工作的指导者，以及准备回乡创业的农民工兄弟更好地创建和经营好家庭农场，我们真诚地为读者奉献上本书——《怎样做好家庭农场》。

中国农业科学院农业经济与发展研究所研究员　胡定寰博士
内蒙古大学经济管理学院　杨伟民博士

2014年4月

目录
CONTENTS

第一篇　导入篇

一、家庭农场的界定 …………1
（一）家庭农场的内涵 ………1
（二）家庭农场与公司制农场的联系与区别 ………3
（三）家庭农场与农户家庭经营的联系与区别 ………5

二、家庭农场的渊源 …………6

三、家庭农场的优势 …………8
（一）可以充分发挥家庭成员的作用 ………9
（二）可以享有规模经营的优势 ………9
（三）发挥专业性的优势 ………10

四、家庭农场经营的不足 …11
（一）土地产权不清晰产生的产权障碍 ………11
（二）土地细碎化产生的规模障碍 ………11
（三）产品同质化产生的市场障碍 ………12

（四）农村空心化产生的技术和管理障碍 ………12

五、国外的家庭农场 ………13
（一）美国的家庭农场 ………13
（二）欧洲的家庭农场 ………16
（三）东亚的家庭农场 ………19

六、家庭农场的未来 ………20

第二篇　政策篇

一、家庭农场的扶持政策 …23

二、建立家庭农场的程序 …28
（一）家庭农场的认定与登记 ………28
（二）家庭农场的注册 ………30
（三）如何注册登记 ………33

三、家庭农场的领头人 ……34

四、家庭农场的金融扶持政策 ………38
（一）对家庭农场经营进行金融扶持的原因分析 ………38
（二）金融支持具体措施 ………39

五、家庭农场的人力扶持政策 ………………… 45
  (一)发展新型职业农民 …… 46
  (二)教育和培训现有大户的户主 ………………………… 48
六、家庭农场的技术扶持政策 ………………………… 51
七、鼓励家庭农场的联合与合作政策 …………… 54

第三篇 经营篇

一、适度规模经营 ………… 57
  (一)土地流转对家庭农场经营的决定性作用 …… 58
  (二)土地流转溯源 …………… 61
  (三)适度规模经营 ………… 64
  (四)土地流转的流程 ……… 65
  (五)土地流转的稳定性 …… 67
二、找到市场 ……………… 72
  (一)新型农产品市场 ……… 75
  (二)家庭农场如何进行"农超对接" …………………… 75
三、注册商标 ……………… 79
  (一)什么是注册商标? …… 79
  (二)名号与商标 …………… 79
  (三)注册商标的流程 ……… 81
四、对家庭农场的产品进行包装 ………………………… 83
  (一)农产品包装的重要性 … 83

(二)农产品包装设计系列化 ………………………… 84
(三)通过包装实现质量可追溯化 ……………………… 84
(四)通过包装实现特色化 … 85
五、如何对家庭农场的产品进行定价 …………………… 86
  (一)农产品定价 …………… 86
  (二)农产品定价的依据 …… 87
  (三)农产品定价的目标 …… 89
  (四)农产品定价的策略 …… 90
  (五)农产品定价的程序 …… 92
六、如何选择家庭农场农产品销售渠道 ……………… 94
  (一)农产品销售渠道 ……… 94
  (二)农产品销售渠道发展历史 ……………………… 95
  (三)农产品销售渠道发展趋势 ……………………… 96
  (四)家庭农场如何创新销售渠道 ………………… 97
七、家庭农场农产品促销 … 100
  (一)农产品促销 …………… 100
  (二)农产品促销的形式 …… 101
八、农产品要进行产品分级 … 106
  (一)产品分级 ……………… 106
  (二)如何进行产品分级 …… 107

第四篇　管理篇

一、家庭农场的劳动关系管理 …………… 111
　（一）家庭农场的雇工 ………… 111
　（二）家庭农场雇工需要主要的问题 …………… 113
二、家庭农场的融资 ……… 117
　（一）家庭农场融资难与融资优势 …………… 117
　（二）家庭农场融资方式 ……… 118
　（三）家庭农场融资建议 ……… 119
三、家庭农场涉及的合同法 …………… 122
四、家庭农场如何制定内部规章制度 ………… 124
五、家庭农场的发展规划 … 125
六、家庭农场的账务处理 … 129
　（一）家庭农场会计核算的现状 …………… 129
　（二）家庭农场会计处理 ……… 130
七、家庭农场的税务 ……… 133
　（一）家庭农场的税收政策 … 134
　（二）存在的涉税问题分析 …… 135
八、家庭农场的利润分配和扩大再生产 ………… 136
九、家庭农场的风险控制 … 137
　（一）自然风险 ……………… 138
　（二）动植物疫病风险 ……… 138
　（三）市场风险 ……………… 138
　（四）制度风险 ……………… 139
　（五）社会风险 ……………… 139
十、家庭农场的可追溯体系 …………… 140
　（一）建立家庭农场可追溯体系的意义 ……… 140
　（二）建立家庭农场可追溯体系步骤 ………… 142
十一、农产品"三品一标"认证 …………… 150
　（一）建立地理标志农产品注册 …………… 151
　（二）无公害农产品如何认证 … 154
　（三）绿色农产品如何认证 …… 156
　（四）有机食品如何认证 ……… 159

第五篇　升级篇

一、建立家庭农场的核心价值 …………… 163
　（一）家庭农场的核心价值 …… 163
　（二）建立市场价值的方式 …… 164
二、家庭农场注重农产品深加工 …………… 167
　（一）农产品加工 …………… 167
　（二）家庭农场农产品加工的方向 …………… 168

三、家庭农场多样化、特色化、生态化 …… 170
  （一）家庭农场多样化 …… 170
  （二）家庭农场特色化 …… 171
  （三）家庭农场生态化 …… 172
四、建立家庭农场的农业文化 …… 174
  （一）农业文化的内涵 …… 174
  （二）农业文化的挑战 …… 175
  （三）保存农业文化的途径 …… 176
五、家庭农场与新型经营主体的融合 …… 180
  （一）家庭农场+合作社 …… 180
  （二）家庭农场+农业企业 …… 182
  （三）家庭农场+合作社+龙头企业模式 …… 185
六、建立家庭农场的继承体系 …… 187
七、建立家庭农场的社会支持网络 …… 189
  （一）家庭农场发展需要社会化服务体系 …… 189
  （二）社会化服务的层面 …… 190
八、建立家庭农场的环境可持续经营 …… 196
  （一）农业环境污染 …… 196
  （二）建立家庭农场的环境保护体系 …… 196

附表　家庭农场扶持政策一览表 …… 202
后记 …… 208

第一篇

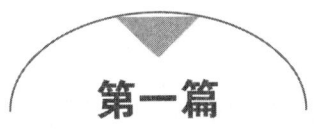

导入篇

一、家庭农场的界定

(一)家庭农场的内涵

春秋时期,孔子带领弟子们周游列国,再次到达卫国时,卫国政局发生重大改变,卫出公赶走父亲而即位,孔子认为这是"名不正,言不顺"。大夫孔悝拿出一堆金币要孔子为卫出公正名。孔子严词拒绝了他的要求。孔子在《论语·子路》中还说"名不正则言不顺,言不顺则事不成",就是指名分不正或名实不符,说起话来就不顺当合理,说话不顺当合理,事情就办不成。做好家庭农场,界定家庭农场的内涵非常重要,因为这涉及扶持政策的覆盖范围,也涉及其经营者要达到怎样的标准才可以申报家庭农场,并享受优惠政策。

世界各国都有家庭农场,因此,其内涵也因国别不同而不同。

俄罗斯《家庭农场法》规定:家庭农场是享有法人权利的独立生产经营主体。它可由农民个人及家庭成员组成,并在利用终身占有、继承的土地和资产的基础上进行农业生产、加工和销售[①]。

按照美国农业部《1998年农业年鉴》的定义,一个"家庭农场"应该满足5个条件:①生产一定数量用于出售的农产品,可以被认为是一个农场而不仅仅是一个乡下住户;②有足够的收入(包括非农收入)支

---

① 方康云.俄罗斯的家庭农场.世界农业,2001(12)

付家庭和农场的运营、支付债务、保持所有物；③农场主自行管理农场；④由农场主及其家庭提供足够的劳动力；⑤可以在农忙时使用季节工，也可以雇用少量的长期农工[①]。

日本虽然没有关于家庭农场的明确规定，但是，其关于农户与经营体的划分，尤其是关于"销售农户"和"家庭经营体"的划分，可以帮助我们理解日本的家庭农场。农业经营体指直接或接受委托从事农业生产与农业服务，且经营面积或金额达到一定规模的农业经济组织。根据组织属性，农业经营体可分为"家庭经营体"和"组织经营体（法人）"。日本"家庭经营体"的概念与我们所讲的家庭农场比较接近[②]。

国内的相关研究也对家庭农场的定义进行了概括归纳。比如，胡定寰研究员认为，家庭农场是指：以夫妇两人劳动力为主，规模适度，高生产力，专业化生产，具有吸引力收入和可持续发展的基本生产单位。家庭农场规模应该达到：①能够使夫妇两人劳动力得到充分发挥；②每年收入高于大学生城市就业平均收入水平；③家庭农场的规模起步时可以小一些，随着生产和管理能力的提高，逐步地扩大规模；④有一种机制能够使有能力的家庭农场经营者随着能力增加扩大其规模。倪坤晓等认为，家庭农场是以农户家庭为基本组织单位，是一个面向市场以利润最大化为目标，从事适度规模的农林牧渔的生产加工和销售、实行自主经营、自我积累、自我发展、自负盈亏和科学管理的企业化经济实体[③]。关付新将家庭农场的制度特征归纳为，市场化、专业化、社会化，而将家庭农场的组织特征概括为现代化技术、规模化经营、企业化管理和现代化农民[④]。高强、刘同山、孔祥智把家庭农场定义为，不同于传统意义上的家庭农业，家庭农场是以家庭经营为基础，融合科技、信息、农业机械、金融等现代生产因素和现代经营理念，实行专业化生产、社会化协作和规模化经营的新型经济

---

① USDA. Agriculture Fact Book. Hallberg, 1998（6）
② 高强，高桥五郎. 日本农地制度改革及对我国的启示. 调研世界，2012（5）
③ 倪坤晓，沈月琴. 浙江省慈溪市家庭农场发展现状的调查分析. 浙江农业科学，2012（11）
④ 关付新. 我国农业发展新阶段的制度创新：组织创新. 经济问题，2005（4）

组织。它可以将传统农民转型升级为职业化、专业化的法人农民，是一种新型农业经营主体，也是农业现代化的重要组织形式[①]。

大部分的中国学者认为，家庭农场是以农户家庭为基本组织单位，是一个面向市场，以利润最大化为目标，从事适度规模的农林牧渔的生产、加工和销售，实行自主经营、自我积累、自我发展、自负盈亏和科学管理的企业化经济实体。其特征可以概括为：家庭农场是在家庭经营的基础上，以现代化技术、规模化经营、企业化管理为组织特征的一种现代农业经营主体。从市场特征看，具有外向性、开放性、竞争性等特点。从自身制度特征看，具有市场化、专业化、社会化等特征，实际上我们可以将家庭农场概括为现代化技术、规模化经营、企业化管理和现代化农民组成的家庭农户。

农业部调查统计时，对家庭农场共列出了5个条件，可以作为我们在现阶段判断家庭农场的标准。主要包括：农场经营者应具有农村户籍（即非城镇居民）；以家庭成员为主要劳动力；以农业收入为主；经营规模达到一定标准并相对稳定；从事粮食作物的，租期或承包期在5年以上的土地经营面积达到50亩（一年两熟制地区）或100亩（一年一熟制地区）以上；从事经济作物、养殖业或种养结合的，应达到县级以上农业部门确定的规模标准。

（二）家庭农场与公司制农场的联系与区别

家庭农场和公司制农场类似于我们上面谈到的日本的"农业经营体"中"家庭经营体"和"组织经营体（法人）"的区别和联系。我们这里所指的公司制农场，主要指的是农垦系统自办的农场、国有农场或者是私人资本通过租赁土地、雇用工人并采取公司制经营的农业企业。

家庭农场和公司制农场两者在开始经营时都应该进行工商注册，按照企业化制度进行经营运行。公司制农场与家庭农场从土地获取的角度来看

[①] 高强，刘同山，孔祥智．家庭农场的制度解析：特征、发生机制与效应．经济学家，2013（6）

区别很大。除了农垦系统的农场企业外,公司制农场所经营的土地完全靠租赁农户土地获得。而两者的区别有如下5个方面。第一,家庭农场经营者须拥有自己的土地(承包权),在经营过程中为了扩大规模才需要采取其他形式进行土地流转。

第二,从资本角度来说,公司制农场或者农业企业是以盈利为目的的经济组织,主要靠外投资本,具有明晰的资本收益率。与之相对,普通农户是一个生产与消费相结合的经营单位,其生产也主要以自有资本为主,以生计成本来衡量效益,而不是资本收益率。而家庭农场则需要外投资本与自有资本相结合,资本收益率更接近于农业企业。

第三,从劳动角度来说,除一些农户联合经营组成的合伙企业之外,公司制农场或者农业企业的劳动要素主要依靠雇用劳动力,而普通农户的劳动要素主要依靠自有劳动力,偶有邻里间基于互助关系的换工。家庭农场的劳动要素则同时来源于自有劳动力与雇用劳动力,但是应以家庭自有劳动力为主,雇用劳动力为辅。就是以自有劳动为主,依靠家庭劳动力就能够基本完成的经营管理。

第四,从经营者的劳动性质来看,农业企业的经营者更多地表现出企业家才能,以管理性劳动为主。而普通农户主要以生产性劳动为主,老百姓常说"打铁的要自己把钳,种地的要自己下田",就是说农户生产主要靠自己。家庭农场主处于一种过渡形态,家庭内的户主一般是以生产性劳动与管理性劳动相结合,二者之间的比例会根据经营规模与经营项目不同而变化。俗话说,"家有千口,主事一人",特别是涉及农时、种植品种、市场交易,需要一个熟悉家庭农场生产经营情形,同时能够和市场打交道的管理者、户主,家庭农场的主要成员就是要成为这样的管理者和决策者。

第五,在经营过程中,农业企业生产规模比家庭农场要大得多,生产经营成本比较高;会采用先进的农业生产技术;机械化水平高;农产品销售以直接销售为主。而家庭农场生产主要依靠夫妇俩人劳动力;劳动者是适龄农业劳动者;生产规模适中;农场收入略微高于城市白领阶层;也采用高效率的机械和农业生产技术;农产品出售依靠农场合作组织。

（三）家庭农场与农户家庭经营的联系与区别

家庭农场与农户家庭两者都是家庭经营。而与之相对的是，农户家庭经营的一个突出特征：

首先是规避风险，其次是增加收益。俗语说"寒露时节人人忙，种麦、摘花、打豆场。上午忙麦茬，下午摘棉花"，这句话描绘了农忙时节，不管老少妇孺，农户全家齐上阵的生动场景。农户家庭经营往往是一种既种麦、又种棉的兼业型经营，生产主要依靠自家劳动力；以老年和妇女劳动为主。家庭农场是在家庭承包经营基础上发展起来的，它既保留了家庭承包经营的传统优势，同时又吸纳了现代农业要素，比如，更加重视市场营销的策划与实施、更加重视签订长期的合同、更加重视内部的经营管理。但是两者经营单位的主体仍然是家庭，家庭农场主仍是所有者、劳动者和经营者的统一体。可以说，家庭农场是进一步完善家庭承包经营的有效途径，也是对从1978年以来我国独特的农业生产经营制度——家庭承包经营制度的一种发展和完善。

第一，与农户相比，家庭农场不仅仅为了家庭而生产，主要是为了市场而生产，种植什么？种植多少？怎样种植？要靠市场说了算。家庭农场作为一个以盈利为根本目的的经济组织，经营要"面向消费者、面向市场、面向未来"的"三个面向"，更加突出标准化、商品化、市场化，更加突出盈利的可持续性。

第二，家庭农场还强调规模化经营。普通农户家庭的生产规模小；来自农业的收入低，需要有家庭成员外出打工加以补贴；机械化水平不高；农业生产技术较落后；农产品出售主要依靠传统市场和模式。家庭农场必须达到一定规模，才能够融合现代农业生产要素，具备产业化经营的特征。但是也并非大到像农业经营企业、公司制农场那样大，而是强调适度规模。因为家庭仍旧是经营主体，受资源动员能力、经营管理能力和风险防范能力的限制，使得经营规模必须处在可控的范围内，不能太少也不能太多，表现出适度规模性。因此，家庭农场能够实现其价值，必须有一条是建立土地流转的环境,结束"这儿三分地、那儿五分地"的分散生产状态,才能建立适度规模经营的组织形式。

第三,家庭农场采取的经营管理方式是企业化管理。普通农户照顾好自己的"一亩三分地"就可以了,一般不考虑扩大规模、拓展市场的问题。而家庭农场是经过登记注册的法人组织。农场主首先是农业领域的经营管理者,具有协调与管理农场以及农场外部资源的能力;其次才是家庭农场的生产劳动者[①]。

表1-1 家庭农场、农业企业与农户家庭特征对比表

特征	农户家庭	家庭农场	农业企业
劳动力来源	生产主要依靠自家劳动力,以老年和妇女劳动力为主	生产主要依靠夫妇两人劳动	生产需要依靠雇用劳动力
生产规模 收入	生产规模小 来自农业的收入低,需要外出打工加以补贴	生产规模适度 农场收入高于城市白领阶层	生产规模非常大 农业生产经营成本高
经营目标	综合收入最大化,风险最小化	利润最大化	利润最大化
机械化水平 农业生产技术	机械化水平低 农业生产技术较落后	机械化水平高 农业生产技术先进	机械化水平高 农业生产技术先进
农产品销售方式	农产品出售主要依靠传统市场和模式	农产品出售依靠农场合作组织	农产品销售以直接销售为主

资料来源:作者整理

二、家庭农场的渊源

当前,家庭农场是个新提法,但家庭农场并非是一个全新的产物。

从农业产生开始,农业的家庭经营一般就是普遍现象。新中国成立以来,我国农业经营体制经历了多次变革。1949年初期,在全国范围内进行了土地改革,实现了中国农民千百年来"耕者有其田"的梦想,然而土

---

① 高强,刘同山,孔祥智.家庭农场的制度解析:特征、发生机制与效应.经济学家,2013(6)

地的过于细碎化使规模化生产及伴随而来的农业现代化难以进行。"土地改革"以后我们国家进行了合作化道路的探索，最终在农村确立了高度集体化的人民公社制度。主要特征是生产资料集体所有，共同劳动，按劳分配，采取劳动力、土地、农具、耕畜和化肥统一拨调，而劳动所得的分配则采取"统一计分论酬"的方式。这一时期流传着这样的顺口溜："干多干少，不问不管；干好干坏，等量齐观；纵容落后，培养懒汉。"这说明制度对经济和社会力量具有决定意义，正是制度导致了产权模糊和平均主义，农民的劳动积极性不高，生产效率较低。直到现在，即便我们说"合作社是一种新型农业组织形式"，还有一些农民朋友"谈合作社色变"，一谈到"合作社"就联想到人民公社（合作社）。

1978年，改革开放就是从放开农业生产经营体制开始的，在农村基本上建立了在农户家庭经营基础上的家庭联产承包责任制。家庭联产承包责任制是继土地改革、集体化运动后我国农村土地制度的又一大变迁。在不触动土地集体所有制性质的前提下，把土地经营权承包给农民，它解决了土地集体经营时的监督和激励无效等外部性问题。这种土地制度在改革开放以来的这段时间内，充分发挥了其巨大的优势和潜力，农村生产力得到很大的提高，农民的生活水平也得到很大的提高。

随着生产发展，部分农业生产者从土地中脱离出来，从事其他行业。因此从20世纪80~90年代开始，一些种田能手通过承包和流转土地，从事农业专业化、规模化生产，已经具备了家庭农场的基本特征。但是类似的经营主体被以"种田能手"、"大户"等来描述。进入21世纪以来，浙江省宁波市、上海市松江区、吉林省延边市等地在培育家庭农场方面进行了积极探索。如浙江省慈溪市2003年注册登记的家庭农场已超过50家，上海市松江区2007年认定的家庭农场已达到597家。

于是在2008年，十七届三中全会公报中出现了"有条件的地方可以发展专业大户、家庭农场、农民专业合作社等规模经营主体"的字样，这是"家庭农场"首次出现在我国的农业政策中。2009年，"家庭农场"首次进入中央"一号"文件。文件开宗明义表明，要加大对农业的保护和补贴意图，并提出将根据新增农业补贴的实际情况，"逐步加大对专业大户、家庭农场种粮补贴力度"。意味着这一新型经营主体得到进一步的重视。2013年，中央"一号"文件中，"家庭农场"被作为三种新型生产经营主体之一，与专业大户、农民合作社并列出现。

总之，专业大户应该是家庭农场的初级版，即通过流转他人土地从事种植、养殖业的农民；家庭农场是专业大户的升级版，具有更大的规模、具有一定的自有资本、甚至具有一定的经营管理能力和生产创新能力。它是以家庭成员为主要劳动力，以农业收入作为主要收入来源、进行规模化生产的职业农民。家庭农场不仅仅是生产经营主体，比如"大户"的发展结果，更是一种制度层面的创新，是土地实施统一流转整体规划后出现的一种新的农业生产经营制度。既是作为对家庭承包责任制这种基本经营制度的完善，又是对整个家庭承包责任制的一种制度创新的"升级版"。

据农业部2013年调查，截至2012年年底，全国共有符合统计标准的家庭农场87.7万个，经营耕地面积1.76亿亩，平均经营规模200.2亩；其中，从事种养业的家庭农场达到86.1万个，占家庭农场总数的98.2%。据不完全统计，目前全国已有9个省、55个市（县、区）出台了扶持家庭农场发展的文件，并明确了具体扶持措施。

三、家庭农场的优势

"打虎亲兄弟，上阵父子兵。"家庭成员之间的亲情和信任超越任何社会组织成员之间的联系，因此，家庭农场具有非常强的耐挫力和竞争力。

发达国家在实现农业现代化建设的整个过程中，农业生产和组织方式都是以农民家庭经营组织为主体的。全世界农业市场最大份额都由家庭小农场来承担，一般认为，农业家庭经营的最高形式是以现代发达国家为代表的家庭农场。美国的10个农场中有9个是家庭农场，而且公司制农场的85%是家族公司。20世纪以来，美国家庭农场的数量上升至89%，拥有81%的耕地面积、83%的谷物收获量、77%的农场销售额。韩俊（2012）[①]指出：从全世界各国农业发展实践看，农业主要实行以自然人为基础的家庭经营体制，公司制农场只占很小的比例。实践证明，农户家庭经营组织具有多重适应性和多重优越性，是农业生产和经营的主要组织形式。

同其他农业组织形式相比，我们概括了家庭农场的3个方面的优势。

（一）可以充分发挥家庭成员的作用

农业生产具有季节性和地域性，收获的周期长，劳动成果大多数表现在最终成果上。如果采用工厂化的劳动组织形式，不仅难以准确计量分散的农业劳动中每一个生产环节上各个劳动者的劳动数量、强度和质量，也难以进行绩效衡量和工资发放。而家庭农场的劳动者主要是农场主本人及其家庭成员。这种以血缘关系为纽带构成的经济组织，其成员之间具有天然的亲和性。家庭成员的利益一致，内部动力高度一致，可以不计工时，无须付出额外的外部监督成本，可以有效克服"投机取巧、偷懒耍滑"等机会主义行为。同时，家庭成员在性别、年龄、体制和技能上的差别，有利于有效分工，因此这一模式特别适用于农业生产和提高农业效率。

（二）可以享有规模经营的优势

我国的农地制度具有中国特色，首先是土地的国家和集体所有制度，其次是土地只能使用不能买卖，再次是耕者有其田的均分制度。这种土地制度对于我国农村的稳定和农民的生活保障具有重要的作用，但又存在一些弊端。专业大户和农民合作社在土地流转与规模经营过程中，日益面临土地流转费用高、稳定性差和盈利空间缩小等问题。调查发现，由于受恋地情结、升值预期和规避风险等因素的影响，大多数农户倾向于短期流转，以3~5年居多，有的甚至1年一租。据调查，湖南省60%以上的种粮大户土地流转期限是1~2年，20%的流转期限为3~5年。不少土地流

---

① 韩俊. 在家庭经营基础上推进农业现代化. 人民日报，2012-01-18

转采用的是口头协议，即使签订合同也存在手续不规范、条款不完备等问题，导致纠纷不断。过高、过快上涨的土地流转费，也让很多专业大户合作社"望地兴叹"，有些专业大户和合作社因为无法接受农民的高报价而放弃租地。而且，近两年随着雇工、农资等成本的持续走高，专业大户和合作社的利润空间日益受到挤压，扩大经营规模的动力和能力不足。调查发现，在春耕、夏收、秋收时节，全国大部分地区的雇工成本已经超过每天100元。由于耕地面积较大，种粮大户的农事生产主要靠农机来完成，农机具购买和作业成本也大幅增加。

家庭农场具有多种优势，可以避免专业大户和农民合作社面临的上述难题。一是家庭农场主要是利用家庭劳动力，部分使用自有土地，较少受到土地流转成本与雇工成本的制约；二是与合作社相比，家庭农场更贴近当地社区，可以充分依托地缘、血缘关系，减少交易谈判成本，稳定土地流转合同；三是与专业大户和合作社相比，家庭农场作为法人主体，能够通过资产抵押、信用贷款等方式获得金融机构的资金支持。因此家庭农场可以通过扩大规模，获得竞争优势，也可以通过纵向一体化经营模式获得范围经济。

家庭经营具有旺盛生命力，不仅可以包容不同生产力水平，也可以为不同所有制所接纳。无论是在传统农业阶段，还是在现代农业阶段，无论公有制下的家庭承包责任制，还是私有制下的资本主义，家庭农场都显示出家庭经营强大的生命力。

（三）发挥专业性的优势

家庭农场以从事农业为主，在农闲时也参与少量的兼业行为。在家庭收入构成上，农业收入是主要的收入来源，辅之相应的兼业收入。以农业经营为主、以农业收入为主是家庭农场主区别于传统农户的显著标志。传统农户家庭成员具有明显的分工，如年轻人参与非农就业获得工资性收入，老年人留守农村从事小规模农业生产经营，而工资性收入构成了家庭收入的很大一部分。在这种经营模式下，不可避免地带来要素投入少、科技含量低、经营粗放等问题。相比之下，家庭农场主以农业经营为主的经营模式，能有效提高农场主参与农业生产经营的激励，有利于资金要素的投入和科技要素的导入，推动农业的集约化生产。此外，家庭农场主长期从事农业生产，还有利于生产经验的积累和人力资本的提高。从长远看，有利于培养一批懂生产、会经营的职业农民。

近年来，农业生产的规模化发展不断加速，有相当多的农业公司进入农业生产销售领域。但是，农户的家庭经营仍然显示出其生命力，家庭经营不仅在传统农业经营中是最基本的组织形式，而且在现代农业中也可以成为处于主导地位的组织形式。这是由农业的生产特点和农户家庭经营的优越性决定的。

四、家庭农场经营的不足

（一）土地产权不清晰产生的产权障碍

从现实看，我国自1979年以来的家庭联产承包责任制使农民拥有了自主支配土地的权力，但是仅拥有土地的使用权。虽然土地承包期一再延长，到目前承诺永久不变，但最终所有权和使用权还是分离的。产权是一组权利，由法律明确界定，包括占有权、使用权、收益权、转让权。家庭农场经营需要有稳定有序的土地产权，然而现有土地流转的授受双方之间容易产生纠纷，转让关系缺乏稳定性，从而导致扩大后的农场规模不稳定。比如，2004年，政府加大农业支持力度和2008年全球金融危机导致农民工城市就业困难后，许多弃地农民又要回了转让出去的土地，导致家庭农场无法从长期化角度对农场进行规划管理，长期性地投入资源。

（二）土地细碎化产生的规模障碍

人多地少是我国的基本国情，人地关系的紧张直接体现为农场规模太小。据何秀荣（2009）[①]测算，1986年户均耕地9.2亩，每户耕地分散为

---

① 何秀荣. 公司农场：中国农业微观组织的未来选择. 中国农村经济，2009（11）

8.4块，到2007年底，户均耕地下降7.4亩，比1986年缩小20%。这不仅远低于美国、加拿大和澳大利亚，也低于日本和韩国，远低于单个劳动力所能经营的最适规模（适度规模的确定要同其生产经营的能力以及它的条件、环境，包括农业机械化水平、耕作的管理水平、个人经营能力等联系起来）。虽然不同时期、不同产业和不同地区的适度规模不同，但是考虑到土地产出和劳动生产率，根据我国上海市、浙江省，包括东北地区的试点实验来看，南方家庭农场应在50亩以上，而北方要在100亩以上。显然在现有的基础上扩张到5~10倍规模，单靠农户自发地流转土地需要一个较长时间的过程。农户对土地流转政策还不够熟悉，怕土地流转会失去承包经营权，影响自己的利益。加之农村土地所承担的生存（社会保障）功能重于生产功能，农村不少农户把"流转"与"失地"相混同，土地宁可粗放经营，甚至撂荒、弃耕，也不愿意流转。特别是近年来，国家实施了一系列支农惠农政策，使不少农户对土地的依赖性增强。因此，家庭农场形成具有一定规模效应的土地规模难度较大。

（三）产品同质化产生的市场障碍

当代农业生产已脱离了传统的自给自足式的温饱型生产，即使是最小规模的农户经营也被裹挟进入激烈的市场经济竞争体系。由于农户所拥有的市场信息资源滞后，从市场上获得的信号也滞后，所能采取的应对措施有限，极易造成一哄而上、一哄而下的局面。加上农户的规模经济性、科技水平等限制，导致市场上屡屡出现的农产品价格的暴涨暴跌现象，农户总是很"受伤"。

（四）农村空心化产生的技术和管理障碍

家庭农场作为现代农业的组织模式，需要企业化经营、现代化管理，因此需要一大批懂科学、善经营、会管理的年轻人才成为家庭农场的经营者。我国农民素质整体较低，从事农业生产的人力资源不足。2009年，中国农村人口约为7.13亿人，占总人口的53.41%。2008年，对全国农村居民家庭劳动力的调查显示，初中文化程度占52.8%，小学以下占31.4%，其中，6.1%为文盲或半文盲，特别是从事农林牧副渔方面的劳动力文化程度更低，基本上为初中及以下文化程度。在我国市场化、工业化与城市化的多重因素驱动下，大量农民外流。据统计，2011年，我国外出农民工总数突破2.5亿人，全国有4 000万留守老人，不仅形成农村人口空心化，同时形成了农民老龄化，种田副业化等问题。从事农业的农民由于缺乏文化知识，阻碍了接受新事物、学习新技术的能力，缺乏科技知识，也使一些高新技术成果难以推广和运用。高素质、高技能劳动力短缺，导致小规模农户向家庭农场升级遭遇营销、会计处理等技能障碍。

五、国外的家庭农场

（一）美国的家庭农场

农业生产力居世界领先地位的美国，却保留了"家庭"这一古老的社会经济细胞。家庭农场即便仍以家庭为单位，却已具备现代农业企业的基本特征。其原因在于美国家庭农场经营模式将家庭农场与农业商品化、机械化、规模化、科学化等现代生产力的因素结合起来，创造出了经济奇迹。仅占全国人口1.8%的美国农民，不仅养活了近3亿美国人，而且还使美国成为全球最大的农产品出口国。以美国为代表的大中型家庭农场的发展特点：

1. 土地所有权的私有化

1776年7月，美国宣布脱离英国统治而独立，建立何种农业生产制度和经营组织来发展农业，成为美国政府特别关注的问题。经过几十年的探索，于1820年确立了将共有土地以低价出售给农户，建立家庭农场的农业经济制度。正是这种制度的建立，促进了美国开发西部的移民热潮。

2. 生产经营的专业化

美国把全国分为10个"农业生产区域"，每个区域主要生产一两种农产品。正是在这种区域化布局的基础上，建立和发展了生产经营的专业化。农场专业化是指一个农场只生产一两种农产品。如专门种植大田作物，专门种植蔬菜或水果，专门饲养牲畜或家禽。

以美国农业现代化为主要代表的北美模式属于资源丰富型的发展模式。美国农业资源的特点是人少地多，劣势在于劳动力资源相对稀缺，优势在于拥有强大的工业基础和能源优势。因此，美国农业现代化主要借助工业机械化优势，开展大规模家庭农场的机械化耕作，以机械力替代人力为主要手段，以提高劳动生产率为基本目标的节约劳动型发展模式。这一模式的主要特点是高度机械化、高装备、高效率和高度规模化经营。加拿大、澳大利亚、新西兰等都属于这种发展模式。

链接案例　　美国家庭农场——斯诺农场依靠特色经营顽强生存

斯诺农场位于美国康涅狄格州中部的费尔菲德县。如果不是红白两色的畜棚和散于各处的农业机械，人们很难想象在这个花园成荫、庭院成片，寸土寸金的地方有一座94年历史的家庭农场，下面就看看美国家庭农场模式如何。

农场主人菲尔·斯诺从祖辈手中继承下这座占地60英亩[①]的农场，并和家人一起经营。按照全美家庭农场联盟的定义，这是一家典型的家庭农场：家庭拥有农场的产权，家庭成员是农场的主要劳动力，并在运营管理方面负主要责任。家庭农场的规模不等，从占地数千英亩到几英亩。斯诺农场属中等规模。

美国农业部的统计表明，美国的农业生产有向大型农场集中、产品单一化的趋势。美国大半农产品出自仅占2%的大型农场。中小型农场无法同大农业公司竞争，多数选择转卖农场，改作他行。中小型家庭农场要想在激烈的竞争中生存，就必须善用资源，开展特色经营。

斯诺农场规模不大，但经营种类繁多。农场的主要产品是有机堆肥。几座小山的堆肥占据了农场的一大片地，铲车不停地在堆肥场上忙着倒堆、装车。菲尔介绍说，环卫部门把落叶等以有机物为

---

① 1英亩约为6.07亩

主的垃圾运到他的农场，经过一年多的堆积，垃圾变成了由腐殖质和水等组成的有机肥。这种肥料每袋售价4美元。这种产品原料来源丰富，不但不要花钱买，还能收取垃圾处理费。农场还养牛和美洲驼等家畜，并出售圣诞树、用于铺设私家车道的碎石和覆盖庭院植物的木屑以及建筑用沙。

回顾经营农场的经历，菲尔感慨自己一家的幸运。他说，康涅狄格州人均收入在全美处于较高地位，高收入使人们能够对家庭园艺投入更多金钱和时间。这使斯诺农场的有机堆肥在过去的十多年中一直畅销，收入在各家庭农场中属中等偏上。但除运气以外，这也是靠比别人付出更多的辛苦换来的。

菲尔已经60多岁，如果在其他行业已到退休的年龄。但他仍然每天日出而作，开着一人多高轮子的铲车在堆肥场里倒肥，一干就是一天。妻子阿内尔是农场的大管家，把各项活计和一家人的生活安排得井井有条。最令夫妻俩感到欣慰的是他们的3个孩子。大儿子亚当在科罗拉多经营信息技术咨询公司，可心里时时挂念农场。他为农场建立了一个网站，随时将有关农场的最新信息放到网上。二儿子欧文是农场的主要劳力，农场里大大小小20多台设备的维修保养全靠他，经常每天工作十四五个小时。菲尔说，如果没有欧文，农场的开支恐怕得翻番。小女儿珍妮也是父母的得力助手，开卡车送货，照顾牲畜，在农场的办公室接待客户，销售产品样样在行。但在农场活计太多，人手不够的时候，他们会雇几个打工的大学生。

菲尔说，自己年纪大了，会逐渐把管理事务交给子女。但他已经深感维持家庭农场面临的重重压力——飞涨的地产税和燃油费极大地加重了农场的负担。尽管如此，菲尔表示会继续把农场经营下去。他说，一些地产开发商曾向他开出优厚的价格，想买下农场盖豪宅，但都被他回绝了。菲尔说："这是祖辈留给我的遗产，这里的生活给我一家人带来了无限快乐，我不会为了钱卖掉它。有些人是有很多钱，但他们一点也不快乐。"

——土地资源网 http://www.tdzyw.com/2013/0416/28194.html 2013-04-16

（二）欧洲的家庭农场

西欧模式在很大程度属于中度资源禀赋的发展模式，以英国、德国农业现代化为主要代表。在既不缺乏劳动力又不缺乏土地资源的中度发展条件下，西欧农业现代化属于中间类型模式。这一模式以提高劳动生产率和土地生产率并重为主要目标，以综合性为主要特点，即机械技术和生物技术并进，物质资本和人力资本并举。既重视现代工业装备农业，又重视现代科技应用于农业生产。作为欧盟第一大农业生产国，世界第二大农业和食品出口国，世界食品加工产品第一大出口国的法国，其家庭农场的发展功不可没。法国农场专业化按照经营内容大体可分为畜牧农场、谷物农场、葡萄农场、水果农场、蔬菜农场等，专业农场大部分经营一种产品，突出各自产品的特点，将过去由一个农场完成的全部工作，如耕种、田间管理、收获、运输、储藏、营销等，均由农场以外的企业来承担，使农场有原来的自给性生产转变为商品化生产。

在农业经济高度现代化的德国，农业的基本经济组织依然是家庭农场。在1950年的德国，一个农民只能养活10个人，而现在一个农民可以养活140个人。这是德国农业生产力发达的真实写照。家庭农场在德国之所以有如此强的生命力因为德国家庭农场在形成和发展过程中各种制度作用的必然结果，包括产权明晰的土地私有制、完备的法律体系、高度发达的教育体制等。法国、荷兰等属于这种发展模式。荷兰是世界上农业最发达的国家之一。2014年4月，习近平主席访问荷兰时，提出学习荷兰农业经验。荷兰农业的主要担当者是家庭农场。作者曾经访问过荷兰的两户家庭农场。荷兰家庭农场规模：奶牛养殖80~100头；花卉和蔬菜种植2~3公顷温室；大田农作，马铃薯100公顷，收入高于普通白领阶层。

链接案例 荷兰的家庭农场，高科技深入到每个环节

阿纳姆位于荷兰东部地区，是座省会城市，却被数以百计的各

种养殖农场重重包围。这里大多数农场的特点是家庭式经营、科学养殖，产业化管理。

在距阿纳姆不远的杜温小镇，我们参观采访了乌林柯先生的奶牛场，院前是一大片绿茵茵的草地，还有两个巨大的牛棚。这是当地比较典型的一个家庭农场，由乌林柯夫妇俩经营，没有任何雇工。40岁出头的乌林柯，身穿连身背带裤、脚蹬沾着泥土、杂草和牛粪的高筒靴，但言谈举止温文尔雅。乌林柯说，他早年就读于荷兰一所农业大学的乳牛养殖专业，毕业后继承了父亲的奶牛场，存栏由原来的50多头奶牛发展到现在的180多头，均为新一代优良品种。从牛的喂养、牛棚清理和挤奶到小牛接生等，全都是他们自己搞定。记者有些疑惑，每天如此大的工作量，他们怎么能承受得了？乌林柯随即带我们走进紧靠牛棚的挤奶房，展示他们非常得力的好帮手——机器人。

这台机器人"三头六臂"，正在精准、有序地给牛挤奶，而且点滴不漏。每头牛的耳朵上都有一个黄色的标码签，这是机器人识别它们的信号。控制器的小屏幕上显示出挤出的奶量等数据，每头牛的日产量30~50升。机器人24小时"连轴转"，挤出的奶自动输送到一只巨大的不锈钢储奶罐中，保持在3.5℃恒温，确保奶汁新鲜而不变质。

乌林柯家的牛奶专供荷兰最大的食品公司菲仕兰·坎皮纳。每隔3天，公司的运奶车来取一次奶，通过连接管自动完成。他拿出如小拇指大小的试纸说："只需滴一滴牛奶在试纸上，再将试纸放到指定的检验机上，就可以鉴定出奶的各种成分含量。每次公司来取奶时，都要进行严格质检，收购价也不一样，要根据当天牛奶的含脂量等各种指标而定，如果质检发现有安全问题，公司一定拒收，毫不犹豫。至于销售问题，乌林柯根本不用犯愁，高质牛奶产多少，公司就收多少。

因此，科学饲养、确保各个环节安全成了乌林柯的经营准则。

他的工作间有两台电脑，与挤奶机器人装置连接，再加上最核心的两套智能化分析管理软件，整个系统的投资在20万欧元以上。乌林柯按动鼠标，指示电脑屏幕上的图谱和曲线。他说，在电脑里，每头牛都有自己的一整套档案，天天测试记录，包括牛的健康状况、饮食情况和营养分析等，还可根据每头牛的体质测算出当天应当产奶的数量。如果实际产量低于这个数，就显示它有异常情况，或是健康问题，或是饮食结构问题，并及时对症处理。他还强调说，若某头牛的乳头发炎，电脑系统提前两三天就可测出，其奶汁只能拿去喂猪，绝对不可混入储奶罐。换言之，乳制品安全要从源头抓起。

  原来，乌林柯夫妇正是靠这些现代化设备和高智能的电脑管理系统来科学经营自己的农场，不仅奶牛产奶量高，而且质量上乘，从未出现过被公司拒收的安全问题。乌林柯说，虽然他是大学科班出身，但也需要不断学习有关养牛的新知识，掌握新技能。他经常参加当地和全国举办的农业博览会，还参加地方政府和行业协会举办的各种讲座和短期培训班，和其他农场主朋友们一起上课，交流经验。妻子丹妮拉还告诉记者："邻居朋友如果新建了农场或置办了新设备，我们都会去参观学习，看自己家的农场设施在哪方面需要更新换代，保证跟上最先进的技术和理念。"据介绍，他们家2008年购入机器人和配套设备、软件，先后两次共投入了22万多欧元。

  对于奶牛场的经济效益，乌林柯说，收购价格平均每升35欧分，日产奶2 000多升，除去各项开支，实际利润并不多，够全家生活之用。"虽然干活很辛苦，但我们喜欢这种农村生活，空气清新，工作自由，乐在其中，还计划再扩大奶牛存栏数量。"

  乌林柯先生的奶牛场是荷兰乃至整个欧洲家庭式农场的一个缩影，很有代表性。正是这些现代化的家庭农场、农业合作社和各种行业协会的共同努力，把荷兰打造成了全球第三大农产品出口国，其中仅奶制品年出口额就高达大约25亿欧元。

  荷兰农业之所以能实现可持续发展，除了有利的自然条件外，

> 关键在于政府大力扶持,农业科研、推广和教育"三位一体",形成良性互动。集约化经营、高技术生产、现代化管理和注重环保,给荷兰农业带来高产、高质和高附加值。此外,长期以来欧盟一直实行"共同农业政策",农业专项补贴占其预算支出的比重高达40%,荷兰广大农场主自然受益匪浅。
>
> ——三农直通车.百年欧洲家庭农场,适度规模经营良方,2013-05-08
> http://www.gdcct.gov.cn/agritech/familyfarm/201305/t20130507_770109.html

(三)东亚的家庭农场

东亚模式基本属于资源短缺型的发展模式,以日本农业现代化为主要代表。日本农业资源的特点是人多地少,劣势在于可耕种土地资源短缺,优势在于有比较先进的生物科技和小型机械。因此,日本农业现代化主要借助高度农业科技优势,开展较小规模家庭经营的精耕细作,以农业科技弥补资源短缺为主要方式,以提高土地生产率为基本目标的节约土地型发展模式。这一模式的主要特点是高科技、高投入和高度集约化经营。韩国、以色列、中国台湾等都属于这种发展模式。日本的家庭农场的特点如下。

1. 农地所有权和使用权的结合

1946~1950年,日本政府采取强硬措施购买地主的土地转卖给无地、少地的农户,自耕农在总农户中的比重占到88%,耕地占到90%,并且把农户土地规模限制在3公顷以内。日本于1952年制定了《农地法》,把以上规定用法律形式固定下来。从此,日本形成了以小规模家庭经营为特征的农业经营方式。

2. 农业所有权和使用权的分离

20世纪70年代开始,日本政府连续出台了几个有关农地改革与调整的法律法规,鼓励农田的租赁和作业委托等形式的协作生产,以避开土地集中的困难和分散的土地占有给农业发展带来的障碍因素。例如，以土地租佃为中心，促进土地经营权流动，促进农地的集中连片经营和共同基础设施的建设；以农协为主，帮助"核心农户"和生产合作组织妥善经营农户出租和委托作业的耕地。这种以租赁为主要方式的规模经营战略获得了成功，1980年的租赁田比1970年增加了30多倍，1986年又比1980年增加50%，达5万公顷。

六、家庭农场的未来

基于刚才所谈到的优势和发展环境，家庭农场在我国具有非常好的发展前景。从家庭农场的发展环境而言，姑且不谈我国欣欣向荣的经济发展态势，单从家庭农场发展所需要的关键因素——土地的流转现状而言，就昭示着家庭农场的美好未来。

在城镇化成为整个国家层面的发展战略后，家庭农场能够降低农民市民化进程中的失地风险，促进土地流转与规模经营，为城镇化提供良好的社会环境。中国的"三农"问题不仅仅是一个经济问题，更是一个社会问题和政治问题。在农村劳动力持续转移和城镇化快速推进的背景下，越来越多的农民脱离农业生产，但是无法做到脱离农村。究其原因在于，城市收益不稳定与社会保障不完善，因此大多数农民不敢轻易放弃土地，也不会倾向于长期流转土地，更多的是采取在城市与农村之间"游离"的生存状态，这严重阻碍了城镇化的进程。对家庭农场而言，由于其自身的社区扎根性、生产经营灵活性等特点，可以在土地转出农户难以在城市立足而返乡时，有条件地将土地返还给农户耕种。与之相对，与其他经营主体相比，家庭农场还能够充分利用社区信任性、信息共享性等特点，可以长期流入在城市有稳定收入农户的土地。

由此可见，家庭农场不仅可以为城镇化提供一个缓冲，给市民化失败的农民保留一份最后的生活保障，还可以为进城农民提供更多的启动资金，促进城镇化健康发展。

现阶段，我国大量外出务工的农村劳动力并没有完全实现市民化，而是出现了两栖化、兼业化特征。这也决定了我国没有依靠大规模雇用劳动力发展公司化经营的社会基础。因此，土地流转政策导向只能是土地有限集中和适度规模经营。从政策规范层面，家庭农场政策规范发展有两方面着眼点：一方面是让农民自己流转土地，国家不希望形成大量的农民进城市定居生活，土地又不流转、撂荒的状况，珍贵的土地资源根本不允许出现这样的局面。

另一方面，中央"一号"文件也同时指出：对于商业资本进入农业领域的问题，一方面，要探索建立严格的工商企业租赁农户承包耕地（林地、草原）准入和监管制度；另一方面，要鼓励和引导城市工商资本到农村发展适合企业化经营的种养业。发展现代农业，固然需要引进一些工商企业，但为了维护广大农民的权益，要对工商企业进入农业而产生的各种想法区别对待，对其土地用途要进行准入管理，防止在这一进程中"老板"挤走"老乡"。大部分农民要进入城镇，可能是季节性的"进城务工"，很难说就和农村完全脱离了。进城农民可能还要退回农村去，工商企业通过租赁土地从事非农产业要照顾到农民未来的权益，要给农户留有"退路"。

| 链接案例 | 这个家庭农场年纯收入20万元 |

2013年1月17日，春光明媚，记者走进重庆市合川区龙市镇中心村十九村民组杨明舍办的家庭农场。只见刚翻过的玉米地里，已施好了底肥猪粪；水稻田里，微耕机已随时"待令"。

"现在就等天下雨，好整田撒谷种。"个儿不高、双手满是干茧的杨明舍，望着缺水的稻田，忧心地说，"往年开春后晚上都要下雨，今年这鬼天气，开春这么多天了，还不见春雨的影子。"

杨明舍的家庭农场目前有90亩地，除了自家的几亩承包地外，其余都是"捡"的其他村民撂荒的地。这些年来，随着组里外出务工经商的人越来越多，撂荒地就越来越多，杨明舍"捡"的地也越来越多。到2012年，他"捡"来种粮的地，已达到110亩左右。2012年底，有几户村民"留守"下来了，他把地还回去了一些，现在还种着33户村民的地。这百余亩种粮地，2012年产稻谷3万多千克、玉米2万多千克、红苕4万余千克。

在杨明舍的家庭农场里，主要劳力是已60多岁的杨明舍老两口和儿子儿媳。"在耕地、播种、收获时，我还得以每天100元的工资、管3顿饭的报酬，请几名帮工。"他说。

"这样多的地，你家咋能忙得过来？"记者问。"靠机械化。"他说，家里目前买有5台微耕机、4台插秧机、4台小型抽水机，还有机动喷雾器。在他家坝子里，记者见到，除了已经下田"待令"的微耕机外，插秧机、抽水机等农业机械，摆了小半坝子。"有了这些农机，比原先用牛犁田、锄头挖土省力多了。"他说。

"我这家庭农场每年可以纯赚20万元以上。"杨明舍搓了搓满是干茧的手说，"但这却是赚的辛苦钱。"其实，这20万块钱，还多是从养殖上赚来的。

以2012年为例，杨明舍的家庭农场，共生产了3.5万千克稻谷、2.5万千克玉米、4万千克左右红苕。除把3万余千克稻谷卖了8万余元外，其余的粮食，都用来养猪和养鸡鸭。而卖粮的钱，差不多就只够种粮的成本。

在杨明舍那幢二层楼房的家附近，修了好几幢猪圈舍。圈里有70多头母猪、300余头架子猪。猪场的坝子里，一大群鸡见有生人来，"咯、咯、咯"地直叫唤。

杨明舍家每年要出栏1 000多头肥猪、上千只鸡鸭。每年赚的钱，大部分都是养猪和鸡鸭赚来的。把玉米和红苕用来养猪和鸡鸭，也是为了更好地种粮。养殖场配套建有沼气池，猪粪和鸡鸭粪全都用在了种粮地上，每年能节约上万元的化肥钱。

"办家庭农场全靠勤劳找点钱。"正在猪圈里忙活的杨明舍的儿子杨世龙指着新修好的一幢猪圈舍说，这个春节期间，他家又新修了一次能够养上百头猪的新猪圈，今年还要扩大养殖规模。

——邹宇.重庆日报，2013-02-21

第二篇

政 策 篇

一、家庭农场的扶持政策

一位贤明的父亲和他 7 岁大的儿子整理后花园，他们遇到了一块埋在土中的大石头。父亲觉得这是一个教育孩子的好机会，于是他要孩子自己将大石头移开。

孩子推了半天，石头仍然不动，就聪明地在旁边挖了个洞，找来一根木头插进洞中，把另一块小石头垫在底下，使劲地往上撬，但大石头仍纹丝不动。显而易见，以他的力气是不足以搬动大石头的。

孩子告诉父亲他办不动，父亲在一旁看得很清楚，但仍冷冷地说你要尽全力。

这一次，孩子用尽了全身的力气，小脸都憋得通红，到后来将整个身体的重量都压在木头上了，石头仍纹丝不动。孩子大喘着气，颓然坐下。

父亲和蔼地走到他身边，问道："你确定你真的用尽全力了吗？"孩子说当然用尽了。

这时父亲温柔地拉起孩子的小手说："不，儿子，你还没有用尽全力。我就在你旁边，可你没有向我求援。"[1]

时代发展到今天，要想成功，最快速的办法就是整合资源，包括政府提供的优惠政策，寻求外界的帮助，并与对方齐心合力共同完成。

---

[1] 雕翎箭.哈佛商学院流行的 4 则故事.世界文化，2005（11）

怎样做好家庭农场

党中央鼓励家庭农场发展的政策思路出台，还有许多细化的政策没有具体公布。当前，据不完全统计[①]，目前，全国已有9个省，55个市（县、区）出台了扶持家庭农场发展的文件，并明确了具体扶持措施，包括：①建立家庭农场注册登记和认定制度；②引导农村土地流向家庭农场；③涉农财政补贴向家庭农场倾斜；④加强对家庭农场的金融保险服务；⑤提高社会化服务水平，促进家庭农场健康发展等5个方面的政策措施。

在我国，正式将家庭农场当成一种扶持性的农业经营组织形式才刚刚开始，许多政策及细化的措施正在讨论、协调和制定当中。很多家庭农场主处于一边经营，一边观望的过程之中。比如，最为显著的规模扩大问题，由于担心土地承包过程中生变，很多地方的家庭农场土地短期租赁现象十分普遍，要想让家庭农场的发展和完善，首先要给予其相应的法律地位，政策上的优惠也应该逐步落实。

再比如，经过前期细致调研，成都市正式发布了《加快推进家庭农场发展的指导意见》（后简称《意见》），首次明确了成都范围内家庭农场的认定条件，即以家庭为基本经营单位、家庭成员为出资主体并承担责任；从事农业经营并具有适度规模的种植养殖场所，有连续5年及以上的农村土地经营权。《意见》中还指出，包括今年市级财政投入1 000万元专项家庭农场发展扶持金、创新金融保险和税收服务、开展示范家庭农场评定等优惠政策，并提到力争在2014年发展150家以上家庭农场。

链接案例 政策扶持引发家庭农场注册热，"换汤不换药"情况严重

《经济参考报》记者日前走访多个省市区发现，2013年中央"一号"文件提出扶持"家庭农场"后，在各地引发家庭农场注册热潮。然而，不少地区农业主管部门和农户对家庭农场却没有清晰的认识，"换汤不换药"、"非粮化"等现象非常严重。专家表示，应尽快厘清"家庭农场"概念和作用，稳定农民期待心理，并出台更加细化的配套政策。

---

① 乔金亮.发展家庭农场四问.经济日报，2014-02-28

● 多地开花"换汤不换药"。

近日,记者走访其中一家农场时看到,除了门口的名字换了,干的还是老一套,在经营方式上并没有什么创新。而所谓的农场主也直言不讳地说,这次他抢着注册家庭农场,就是为了贴合中央的政策方向,等到优惠政策出台的时候,可以占据先机。

2013年中央"一号"文件出台后,我国多个地方出现当地的"第一个家庭农场"。《经济参考报》记者在江苏无锡采访时了解到,仅在中央"一号"文件出台一个月内,已有对政策敏感并具备一定实力的种植大户要求注册家庭农场。

较早发展家庭农场的山东省胶州市之前注册了28家家庭农场,其中有26家注册为个体工商户,有2家注册为个人独资企业。中央"一号"文件出台后的两个月内则增加了七八户家庭农场。"过来咨询的人太多了,很多并不是真正从事农业生产,不排除有些人是对政府后续的补贴和优惠上有想法。"胶州市工商局一位工作人员对记者说。

相关专家认为,家庭农场是发达国家稳定粮食生产的主力军,但我国目前相当一部分家庭农场脱胎于农业种养大户或合作社,流转土地追求利润最大化,"换汤不换药"现象严重。

记者采访时发现,由于种粮效益较低,有一些地方家庭农场"非粮化"现象也比较普遍。不少地区的家庭农场从粮食生产逐渐过渡到主要从事草莓、烟叶等高效经济作物种植,甚至从事休闲观光农业,背离家庭农场发展初衷。

在吉林省延边市、浙江省宁波市等地,很多地方认定的所谓家庭农场长期大量雇工,已明显超越了家庭经营的能力。例如,浙江省宁波市一家农场经营面积600多亩,2012年年收入100多万元,但常年雇工达20多人,并没有按照"家庭成员为主要劳动力"的要求,难以称之为家庭农场。

● "摸着石头过河"困惑丛生。

《经济参考报》记者采访发现,由于对"家庭农场"没有统一的认识，有的种植大户已在尝试这一经营模式，却不知其为家庭农场的雏形；有的农场不以家庭成员为组成或不从事农业生产经营，却自称家庭农场；有的则将家庭农场与专业大户或"休闲农业"混为一谈。

记者在江苏省无锡市锡山区羊尖镇南村的先锋家庭农场采访时看到，设施大棚上的红色条幅上写着："努力践行中央"一号"文件，强力推进家庭农场建设"。农场主于永军是回乡创业的大学生，农场主要养殖花卉。自2013年2月28日，无锡市锡山区工商局正式将该农场注册为江苏省第一个家庭农场以后，7天内他已先后接待了15批媒体采访。于永军说，中央"一号"文件出台后，很多人说他迎来了事业发展的春天，但是他自己除了激动，也有困惑，政府扶持力度到底有多大？他的模式算不算家庭农场？家庭农场有哪些政策保障，如何运转？"现在是摸着石头走"。

不仅农户感到困惑，采访中不少地区农业主管部门负责人对"家庭农场"的概念和标准也弄不清楚。

据江西省南昌市农业部门介绍，该省近年来重点扶持专业大户，发展情况良好，但农场主只是口头上提一下，具体什么是家庭农场，没有清晰的细则，当地感觉比较困惑。

湖北省武汉市农业局土地承包管理科科长王文才说，我国农作物种类繁多、各具特点，家庭农场要想划定统一门槛"一刀切"，难度很大。

记者走访中看到，山东省认定的家庭农场平均规模数百亩至上千亩，武汉市有三四百亩，江苏省、上海市则只有50~100亩，而且虽然同属大农业，但各农场从培育花卉、烟叶、草莓等高附加值作物，到种植水稻、小麦和养猪等传统种养业，不仅品类千差万别，经营和销售方式也是完全不同。

● 亟须优化发展环境。

不少基层干部和专家对《经济参考报》记者表示，他们对家庭农场未来发展充满信心，但也认为现阶段政府推广家庭农场不宜操之过急，不能追求形式和数量，应主要在家庭农场的发展环境上下工夫。

一是尽快厘清"家庭农场"概念内涵，对于其有别于龙头企业、种粮大户等经营主体的特有历史地位和作用，应进一步给予区分和明确，避免模糊和笼统。

部分专家和地方官员认为，目前国家层面对家庭农场虽有明确的定义，但内涵并不清晰，缺乏具体的规定。在这种情况下，各地一窝蜂发展家庭农场的行为在所难免，希望国家尽快制定相关具体解释说明性或者参考性文件，稳定农户心理预期。

二是尽快出台对家庭农场的具体操作标准。多位受访专家和地方主管部门人员都有困惑：家庭农场认定标准是什么？如何进行注册、登记？国家和地方在财政、税收、用地、金融、保险等优惠政策方面有何配套措施？在各省无成熟经验可循的情况下，相关试点地区的模式是否可大规模复制？这些问题都需要通过调研、论证和实践，循序渐进地推进。

全国人大代表王书平、山东省委农村工作领导小组办公室副主任刘同理等人建议，尽快建立注册登记制度，明确认定标准、登记办法，扶持家庭农场逐步成为具有法人资格的市场主体，大力支持家庭农场基础设施建设，经营规模以一个家庭所能顾及的范围为限，建议以50~200亩规模为宜。"当然，还是要遵循因地制宜原则，给家庭农场一个长期的持续的政策和法律支持。"

三是搭建扶持家庭农场发展的配套措施体系，如在金融、保险等领域出台特殊政策。山东省胶州市鸿飞大沽河农场农场主王兴迁说，家庭农场要适应规模化经营的要求，对农机和资金的需求较大，自己之所以早早到工商部门对农场进行了注册，很大程度上就是希望能尽快享受到在金融、补贴等方面的政策扶持优惠。

胶州市农业局经管站站长刘丕舜认为，家庭农场界定为以家庭成员为主要劳动力，但一个家庭的力量比较有限，政府应在家庭农场生产的上下游提供有力保障，让家庭农场安心从事生产，茁壮成长。

——孙洪磊，张志龙.经济参考报，2014-01-06

二、建立家庭农场的程序

（一）家庭农场的认定与登记

家庭农场既能享受到国家政策，同时可以继承和发展，而且家庭农场涉及农业规划、财产、品牌建设、农场继承等一系列问题，应该也必须进行"登记"。只有登记为家庭农场才能获得国家认可，便于认定识别、政府管理与政策支持。除此之外，尽管有了官方的定义，但是，在现实操作中却并非如此，造成"家庭农场"成为了某些主体通过政策进行套利的手段。家庭农场登记注册也是保证家庭农场稳定性、政策针对性的要求。

各地省市涉及农业的部门基本上都出台了对家庭农场登记管理工作的意见。在这些意见中，对家庭农场的登记范围、名称称谓、经营场所等方面做出了说明。不少省市规定：以家庭成员为主要经营者，通过经营自己承包或租赁他人承包的农村土地、林地、山地、水域等，从事适度规模化、集约化、商品化农业生产经营的，均可依法登记为家庭农场。这里面所指的家庭，有很多的界定，也出现了许多观点：一种是以传统的家庭为基础，即子女分家后就算一个家庭；也有人建议，以大家庭为基本单元；还有的提出，家庭成员占经营人员的比例至少80%，也可以聘请临时工或长期工；另外一部分人认为，家庭农场主不应局限于农村户口。笔者认为，在尊重农民意愿前提下，家庭的含义可以扩大到祖辈、父辈、儿孙辈甚至其他亲属。在现阶段，家庭农场业主以农村户籍为宜。城市人员、工商资本可以进入农业领域，但目前不宜纳入政策所指向的家庭农场范畴。

国家规定，乡（镇）政府负责对辖区内成立专业农场的申报材料进行初审，初审合格后报县（市）农经部门复审。经复审通过的，报县（市）农业行政管理部门批准后，由县（市）农经部门认定其专业农场资格，做出批复，并推荐到县（市）工商行政管理部门注册登记。

家庭农场登记需要的申报材料。

1. 专业农场申报人身份证明原件及复印件;

2. 专业农场认定申请及审批意见表;

3. 土地承包合同或经鉴证后土地流转合同及公示材料（土地承包流转等情况）;

4. 专业农场成员出资清单;

5. 专业农场发展规划或章程;

6. 其他需要出具的证明材料。

一般有如下材料：第一，土地流转以双方自愿为原则，并依法签订土地流转合同；第二，土地经营规模，比如水田、蔬菜和经济作物经营面积30公顷以上，其他大田作物经营面积50公顷以上，土地经营相对集中连片；第三，土地流转时间，10年以上（包括10年）；第四，投入规模，投资总额（土地流转费、农机具投入等）要达到50万元以上；第五，有符合创办专业农场发展的规划或章程。

> **链接案例** 苏州市首家公司制家庭农场在太仓市诞生
>
> 日前，江苏省太仓市浏河镇农民赵康明经核准注册，成功领取了"太仓市万鑫家庭农场有限公司"的营业执照，这是苏州市范围内首家经工商部门登记注册成立的公司制家庭农场。
>
> 该农场位于浏河镇万安村，注册资本100万元，主营业务为淡水产品的养殖和销售。公司制家庭农场的注册成功，为苏州地区农村市场主体增添了新形式，为农村经济发展增添了新活力，农民创收途径将变得更加宽广。
>
> 2013年以来，太仓市政府积极引导该市范围内符合条件的农业大户向开设"家庭农场"方向发展，目前该市共有登记设立的家庭农场4户，其中3户为个体户，1户为公司。太仓将进一步加大扶持、宣传力度，让更多农户了解"家庭农场"，促进越来越多的"家庭农

场"生根发展,助力农民增收,推动现代农业发展。

——http://www.nlj.suzhou.gov.cn/web/showinfo/showinfo.aspx?infoid=99904812-e1fa-4e06-917f-9e1470606393

(二)家庭农场的注册

在全国约87.7万户家庭农场中,已被有关部门认定或注册还是比较少。目前,已经认定或者注册的家庭农场共有3.32万户,其中,农业部门认定1.79万户,工商部门注册1.53万户。同时,家庭农场可申请登记为个体工商户、个人独资企业,符合法律法规规定条件的,也可以申请登记为合伙企业或有限责任公司。

在相当长时间内,各地对于是否需要工商注册看法不一,很多有志于发展家庭农场的农户也比较迷茫。家庭农场是一个产业组织主体,并非是工商注册的组织类型。国家农业部意见明确提出,依照自愿原则,家庭农场可自主决定办理工商注册登记,以取得相应市场主体资格。

家庭农场是一个自然而然发育的经济组织。许多现实中存在的较大规模的经营农户其实就是家庭农场,但不一定非要到工商部门注册,注册的形式可以多样化。由于家庭农场不是独立的法人组织类型,在实践中有的登记为个体工商户,有的登记为个人独资企业,还有的登记为有限责任公司。农业部提出探索建立家庭农场管理服务制度。县级农业部门要建立家庭农场档案,县以上农业部门可从当地实际出发,明确家庭农场认定标准,对经营者资格、劳动力结构、收入构成、经营规模、管理水平等提出相应要求。依照自愿原则,家庭农场可自主决定办理工商注册登记,以取得相应市场主体资格。

在东南沿海经济发达地区,家庭农场从事农产品的附加值比较高,特别是发展外向型农业的家庭农场,出于经营方面提高公信力和竞争力的需要,因而有动力去工商部门注册登记。《意见》指出,在我国,家庭农场作为新生事物,还处在发展的起步阶段。当前主要是鼓励发展、支持发展,并在实践中不断探索、逐步规范。不断发展起来的家庭农场与专业大户、农民合作社、农业产业化经营组织等多种经营主体,都有各自的适应性和发展空间,发展家庭农场不排斥其他农业经营形式和经营主体,不只追求一种模式、一个标准。家庭农场发展是一个渐进过程,要靠农民自主选择,防止脱离当地实际、违背农民意愿、片面追求超大规模经营的倾向,人为归大堆、垒大户。例如,山西省暂行意见明确提出,由各级农经部门负责本行政区域内家庭农场的认定工作。

家庭农场经营者应当是依法享有农村土地承包经营权的农户,以家庭承包和流转土地为主要经营载体。特别提出家庭农场要以家庭成员为主要劳动力,常年雇工数量不超过家庭务农人员数量,农业净收入占家庭农场总收益的比例要达到80%以上。同时,还提出其领头人应接受过农业技能培训,其经营活动有比较完整的财务收支记录,并对其他农户开展农业生产有示范带动作用。

山西省出台的家庭农场政策中规定,申报家庭农场须由家庭农场主填报《山西省家庭农场申报表》,该表须经所在村村民委员会公示无异议后,由村民委员会负责人签字加盖公章才可申报。

家庭农场主向乡镇农经部门申报并提交以下材料:

1.《山西省家庭农场申报表》;

2. 家庭农场主户口本原件及3份复印件;

3. 土地承包、流转合同书原件及3份复印件。

乡镇农经部门收到申报人提交的申报材料后,对申报材料齐全、符合认定标准的,在5个工作日内签署意见并附相关材料上报县(市、区)农经部门;对于申报材料不全或不符合认定标准的,向申报人说明情况。县(市、区)农经部门对上报材料进行核实,对符合认定标准的,予以认定,颁发《山西省家庭农场证书》,同时录入"山西省家庭农场管理系统"。

尤为值得一提的是,山西省规定,山西各级农经部门将对家庭农场实行动态管理。省级农经部门每年底发布全省家庭农场名录,进入名录者可享受国家各项扶持政策。家庭农场还需要每三年进行一次资格审核,不符合标准的将予以注销。

> **链接案例** 河南省孟津县农民获准开办河南省首个家庭农场字号
>
> 2月28日,河南省孟津县农民陆利峰在孟津县工商局拿到了"洛阳河之南家庭农场"个人独资企业营业执照。孟津县会盟镇台荫村的陆利峰很注重利用高科技种田,他的责任田产量高,是村里的"种田好手"。
>
> 2013年年初,陆利峰听说中央出台"一号"文件,支持普通农民承包大片土地,进行大规模经营,开办家庭农场。"光是原先的那点儿责任田,种得再好收入也多不到哪儿去。如果能够承包一大片土地,按照自己理念去规划,肯定行!"陆利峰把这个想法告诉了在县城做生意的姐夫。
>
> 恰好,他的姐夫得知孟津县政府为鼓励发展家庭农场等新型农村市场主体,专门提出了"特色农业行动计划",便鼓励陆利峰开办家庭农场,建议其在大规模发展传统农业的同时,做休闲旅游项目。
>
> 最终,陆利峰和台荫村村委会签订租赁协议,承包了紧临孟津万亩荷塘的500亩黄河滩地,并向孟津县工商局申请办理营业执照。
>
> 孟津县工商局注册科负责人李军伟说,由于从未办过此类营业执照,2月20日,他们接到陆利峰的申请时还犯了难。"我们赶紧向市工商局汇报,市工商局也没办过,只好向省工商局汇报。"之后才得知,陆利峰是全省首个向工商部门申请注册登记家庭农场的人。
>
> 经过紧张协商,孟津县工商局在2月26日出台了《孟津县工商局关于扶持家庭农场等新型农村市场主体发展方案》(以下简称《方案》),在推进"合同帮农"、强化"商标富农"、创新"红盾护农"等方面,为家庭农场等新型农村市场主体的发展制定了一系列的优惠政策。

> 2月28日，孟津县工商局通过了对陆利峰申请的审核，为其办理了"洛阳河之南家庭农场"个人独资企业营业执照。
>
> ——记者申利超，特约记者郑占波，通讯员赵梅香.
> 洛阳网－洛阳晚报，2013-03-04

（三）如何注册登记

针对部分地方曾出现的家庭农场登记注册名称混乱现象，根据《意见》要求，申请注册登记的家庭农场名称必须有统一规范。例如，申请登记为个体工商户类型的家庭农场，依据《个体工商户条例》及相关规定办理登记，个体工商户家庭农场名称统一规范为"行政区划＋字号＋家庭农场"；申请登记为有限责任公司类型的家庭农场，依据《公司法》及相关规定办理登记，公司制家庭农场名称统一规范为"行政区划＋字号＋家庭农场＋有限（责任）公司组织形式"或"行政区划＋字号＋行业＋家庭农场＋有限（责任）公司组织形式"；也可以申请登记为个人独资企业或者合伙企业。

申请注册登记的家庭农场名称必须有统一规范。家庭农场与一些养殖、种植大户不同，家庭农场有营业执照，可通过开展经营活动，提高自身知名度，随后通过申请注册商标的方式，形成自有品牌。家庭农场在申请注册商标后，其品牌效应会随着品牌知名度提升而不断增强。

我国幅员辽阔，地貌、气候土壤类型及其组合方式复杂多样，农产品品种丰富，许多产品品质独特，具有丰富的地理标识资源和建立农产品品牌的天然条件。家庭农场的名号可以采取当地有名的山川河流、家庭农场的经营者、特色种植养殖加工等方法命名。

作者对100余家家庭农场的名字总结了一下，选取其中典型的18家进行了分析，如表2-1所示。家庭农场选取的名号一般有农场主名字、村庄名或其变体，巧妙利用山川风物、产品特色进行联想暗示三种。其中，最为广泛的是联想暗示型的命名。

表2-1 家庭农场的注册名号

名称	家庭农场名称	所在地区	产品类型
农场主名字	燕红家庭农场	浙江省江山市江郎山风景区	葡萄
	姜爱芬家庭农场	江苏省镇江市丹阳市吕城镇河南村	小麦、水稻
	樊土寿家庭农场	浙江省衢州市衢江区莲花镇	草莓
	汤大伯家庭农场	江苏省常州市溧阳市社渚镇梅山村	植物粮油
	蔚玲家庭农场	浙江省江山市	果蔬
村庄名	金之庭家庭农场	江苏省苏州市吴中区金庭镇	观光休闲、果蔬园区
	鸿飞大沽河农场	山东省胶州市李哥庄镇东小埠村	粮食、蔬菜
联想暗示型	金斗笠农场	浙江省嘉兴市海盐县百步镇超同村	葡萄
	田娘农场	江苏省苏州市常熟市	大米
	禾丰家庭农场	吉林省长春市九台市	有机大米
	绿野鲜宗	广东省河源市连平县	蔬菜、家禽
	林海花田家庭农场	山东省临沂市沂南县苏村镇戈家庄	综合性农业生态园
	群沃农场	山东省淄博市临淄区齐都镇	鲜奶
	宏亮农场	浙江省嘉兴市海盐县于城镇三联村	蔬菜、粮油作物
	岛中岙家庭农场	浙江舟山市定海区白泉镇	果蔬
	大泥湾家庭农场	山东省烟台市栖霞市	果蔬
	百卉农场	浙江省宁波市镇海区	西瓜
	本味园家庭农场	山东省青岛市即墨市	粮食、苗圃、果园

资料来源：作者整理

三、家庭农场的领头人

发展家庭农场是为了应对"谁来种地、地怎么种"的问题。一方面，大量青壮年劳动力离土进城，在一些地方出现农业兼业化、土地粗放经营甚至撂荒；另一方面，愿意种地、能种好地的专业农民，比如专业大户，在发展自身的过程中由于土地政策的限制，"吃不饱"、舞台规模太小，一些农业生产设施没有办法"大展拳脚"。

当家庭农场成为涉农部门扶持的一种组织形式后，因为有相当多的政策优惠，很多主体都跃跃欲试想组建家庭农场。其中有经营农户、农业技术合作社、返乡创业的农村居民，还有不少城镇居民，更有许多拥有资本的工商企业。因此，政府需要对谁来做家庭农场的创建者有所规范。

我们国家扶持家庭农场发展，主要是培育以在从事农业劳动的种植和养殖大户和立志从事农业的毕业生为来源的家庭农场。这其实是基于家庭农场这种形式可以克服农业企业大规模种地和小农户粗放经营弊端，在它们之间走的"中间路线"，既有利于实现农业集约化、规模化经营，又可以避免企业大量租地带来的种种弊端。现在国内有些地方出现了一种风潮，一些工商企业长时间、大面积租种农民承包地。这种方式既挤占农民就业空间，也容易导致土地的"非粮化"、"非农化"。所以国家政策不把那些圈地后再转包经营、自己根本不参加农业生产的"夹包老板"视为家庭农场经营者，也不鼓励这些"下乡老板"通过土地流转，促使"农民进城"，成为失地农民。

2014年2月24日，农业部以农经发〔2014〕1号文件《关于促进家庭农场发展的指导意见》（后简称《指导意见》）指出："现阶段，家庭农场经营者主要是农民或其他长期从事农业生产的人员，主要依靠家庭成员而不是依靠雇工从事生产经营活动。家庭农场专门从事农业，主要进行种养业专业化生产，经营者大都接受过农业教育或技能培训，经营管理水平较高，示范带动能力较强，具有商品农产品生产能力。"

《指导意见》指出，家庭农场领建者主要是农民或其他长期从事农业生产的人员。目前，我国有2.6亿承包农户，其中大多数还在从事农业生产。在培育家庭农场时，必须首先考虑到他们的发展需要。从普遍意义上讲，尤其在中西部欠发达地区，现阶段培育家庭农场经营者应当以承包农

怎样做好家庭农场

户为主，政策扶持的重点是在承包农户中产生的规模经营农户，而不是鼓励城镇居民下乡种地。同时，家庭农场经营者也可以是其他长期从事农业生产的人员。政策考虑的基础是，在一些经济发达地区，大多数青壮年已经进入二三产业，愿意长期搞农业的不多。因此，鼓励中高等学校特别是农业职业院校毕业生、新型农民和农村实用人才、务工经商返乡人员等兴办家庭农场，有利于解决这些地区的"谁来种地"问题。

总之，政府鼓励那些亲自劳动、直接种地的劳动者及其家庭成立家庭农场，享受相关的政策优惠。

链接案例　大学生和他的"家庭农场"

韩军亮，是从农村走出来的大学生，带着全家人的希望，他完成了四年的学业。然而，毕业后，韩军亮做出了一个惊人的决定：重新学习做农民。如今，韩军亮种地种出了名堂，他的红薯远销北京市、山东省和河南省等地。

5月5日10时，记者来到河北省无极县张段固乡东辛庄村，韩军亮正带领十几位村民给农田覆膜浇水，沟坎上栽种着一棵棵红薯苗。"栽苗时要注意株距行距，浇了水之后先等一等，等水渗下去之后，再填土掩埋根部，这样成活率高。"韩军亮叮嘱道。

韩军亮生于1985年4月，是藁城市丘头镇靳庄村人，从小就颇具商业头脑，在高中时他一边练体育，一边贩卖运动鞋，还小赚了一笔。2006年，韩军亮考上了大学，他利用课余时间勤工俭学，给人家送桶装水。后来韩军亮瞅准时机，做起了桶装水厂家代理，渐渐地学院办公楼、宿舍楼的桶装水都由他来供应。虽然赚得都是辛苦钱，但销量很大，慢慢地韩军亮也有了点积蓄。

2010年6月底，韩军亮大学毕业了。跟同学们一样，他也想留在大城市谋求发展，还专门去北京四处求职，却屡屡碰壁。后来，韩军亮回到家乡。一次偶然的机会，韩军亮参加一个农产品博览会，他看到，各种新鲜的红薯、萝卜十分受欢迎。他突发奇想："现在村里的年轻人都不愿意种地，将来我们这一代人，种地的人会越来越少。我何不承包一些土地,种植经济作物。"经过多方考察，他下定了决心，回家当农民种红薯。他先请河北省农林科学院的专家在藁城、无极等地检测，最后发现无极县张段固乡的土壤最适合种红薯。2011年秋，韩军亮在无极县承包了50亩农田。

第二年春天，他专门订购河北省农林科学院的龙薯九号苗。这种红薯体型瘦长，深受市场欢迎，生长期在80~120天，时间短产量大。韩军亮雇村民们栽种，请农科院的专家进行现场指导，怎么浇水，怎么施肥，怎么管理，村民们一学就会，个个成了技术能手。到了成熟的季节，韩军亮又四处跑销路，北京、郑州、济南、青岛的客户看了样品，一订货都是一大拖挂车。那年，韩军亮挣了七八万元，他第一次从土地上尝到了甜头。

2012年秋天，韩军亮将承包面积扩大到90亩。他一边种植，一边苦学技术。这一年，他的纯利就高达十几万元。 2013年，"家庭农场"的概念被提出，韩军亮意识到，农业的春天来了。为此，他专门到南方考察学习，看到很多种植大户都有上万亩土地，他的胆子也更大了，步子迈得更宽了。2013年秋，韩军亮在东辛庄承包了600亩地，在老家藁城市丘头镇承包了200亩地，总计800亩，搞起了家庭农场。

附近村民见此情景，有的过来和韩军亮谈合作，有的来取经，韩军亮都一一热情接待，支持鼓励他们发展种植业。最近，韩军亮注册了河北慧亮农业开发有限公司，他准备甩开膀子大干一场，并带领村民共同致富。

"村里的年轻人都在外面做买卖，谁还种地？刚开始，大家都说韩军亮上学上傻了，竟然来这里包地种地。没想到，人家种地也种出了名堂。"村民张国芳称赞道。

——石家庄日报，2014-05-06

四、家庭农场的金融扶持政策

（一）对家庭农场经营进行金融扶持的原因分析

金融是农业生产和农村建设的血脉。家庭农场规模较大，从土地流转、农场基础设施建设、前期生产资料购置、后期经营管理等生产环节都需要投入大量的资金。而我国的家庭农场大多由承包农户发展而来，资金实力比较弱，不同的农场主多有着类似的顾虑，那就是贷款难。然而因农户原有土地规模很小，除了个别资本密集型家庭农场外，绝大部分家庭农场需要流转土地。由于经营规模较大，农业生产所需要的种子、化肥、农药，还是灌溉、收割、运输、仓储，或者所需要雇用的农业劳动力，都需要大量的资金。如武汉城郊家庭农场进行大棚蔬菜种植，仅大棚设施的费用为1万元/亩左右，这还没有包括土地平整以及开挖沟渠等其他成本。河北滦县土地流转中心的调查页显示，当地每座1.5亩的日光温室大棚仅一次性固定投入就需8万元。目前针对农民的贷款比较好的模式是小额信贷，但是小额信贷额度太小、手续烦琐，根本无法满足家庭农场的资金需求。因此家庭农场主往往只能通过自己的亲朋好友等社会网络筹集资金，在急需资金时甚至要通过高利贷来缓解燃眉之急。加之农业生产的弱质性、信息不对称等问题，银行不愿意将贷款发放给农民。在自有资金无法满足生产经营需要的情况下，融资就成为制约家庭农场生产经营发展的瓶颈。

另外一个重要原因是信用缺失。长期以来，我国乡村地区就是一个人情社会，大家建立信任关系主要基于熟悉的人情关系。原本就处于信用缺失，而家庭农场又是农业生产中的新生事物，信用档案完全空白或记录不健全，这就使家庭农场在经营时进行贷款缺少信用档案；与此同时，家庭农场在进行产业经营时，由于市场价格波动、自然条件和信用环境变化等各种原因，要面临一定的违约风险；当然也存在个别农户诚信意识缺乏，仍然存在故意拖欠贷款和逃贷的现象。这些都会对贷款人的还款能力造成负面影响，很可能会将这种风险转嫁到金融机构，金融机构对家庭农场出现"惜贷"行为。

从世界各国的经验看，对家庭农场的发展给予扶持是通行的惯例。2012年，全国各类扶持家庭农场发展资金总额达到6.35亿元，其中，江苏省和贵州省超过1亿元。各地虽实行了一些支持家庭农场发展的金融措施，但没有改变家庭农场融资难的整体局面。

（二）金融支持具体措施

1. 拓宽抵押物范围

融资难成为制约家庭农场发展的一个重要障碍。虽然资金存在缺口，但家庭农场主却很少有人去银行贷款，主要原因是"家庭农户没有抵押物，土地是流转过来的，银行不认可"。

盘活既有资产。其一，种养殖物（权）抵押贷款。家庭农场最为直接的可抵押资产是农场的种养殖物。近年来，江苏省金融机构开发了一些针对种养殖物（权）的金融产品。2012年，南通海门农商行推出农资活物抵押贷款，以农村企业养殖的奶牛为抵押物，为借款人发放贷款；为了分散并有效控制风险，由企业为抵押活物办理农业保险，以贷款银行为受益人。同样，近年来林权抵押贷款也得到了快速发展。截至2013年一季度末，全省林权抵押贷款余额2.53亿元。

其二，农机设备抵押贷款。从事种植业的家庭农场很多需要购置各类农用机械设备。加之近年来国家鼓励农机耕种，对购买大型化设备的补贴率较高，部分家庭农场融资用途便是购买补贴较高的农机设备。连云港市东海农联社与地方农经部门、相关农机销售商合作，开办了农机设备抵押贷款。借款人与农机销售商签订购买协议，并为所购农机办理以贷款银行为受益人的保险，向银行提供贷款申请等相关材料，经银行审核无误后，发放相应贷款。自开办以来，该联社已累计发放732笔农机抵押贷款，投放贷款1.24亿元。

其三，"一权一房"抵（质）押贷款。伴随农村土地流转工作的推进,土地承包经营权和农完善农业保险村住房成为试点探索的新型债务抵(质)押品。2009年,新沂农商行在全省率先推出"一权一房"贷款。2010年工行连云港市中心支行推动辖内东海县出台了《关于开展农村"一权一房"抵(质)押贷款试点工作的意见》。农村企业或个人以自己拥有的农村土地承包经营权、农村住房作为抵(质)押物,可以向银行申请贷款。银行通过租金评估土地承包经营权的价值,给予借款人相应的贷款额度。地方政府通过成立风险基金,为银行业金融机构分担50%的风险。截至一季度末,全省已有徐州市、连云港市、淮安市等6个省辖市的农村地方法人金融机构开办了这类业务,历年累计发放贷款662笔,信贷投放2.85亿元。

其四,联保互保贷款。以农业产业链、行业信用协会、龙头企业等为核心载体的联保互保贷款模式,也同样适用于家庭农场。淮安市金湖联社开发的"行业信用协会"信贷模式是一个典型。该模式由信用互信的社员自愿组成联保体,以会员基金担保和会员之间互保、联保获得授信,解决了农民专业合作组织因不具备独立承担债务功能而无法融资的问题。自2012年6月推出以来,"金荷花"模式已累计投放172笔贷款,金额9 310万元,目前贷款质量良好,前景广阔。

2. 金融支持措施——政府引导解决担保难题

在各地人民银行的积极推动下,很多地方探索建立了有政府背景的担保基金或担保机构,为家庭农场的贷款提供担保。例如,江苏省常州市下辖的溧阳市政府拨付财政资金作为农业贷款担保基金,并在农工办事处下设立"溧阳市农业贷款信用担保中心",为农业生产基地、农村种养殖大户融资提供担保。镇江市丹阳、句容、扬中三地分别设立了农民创业担保中心,为农村种养殖业个体工商户、小企业主在当地农村商业银行的贷款提供担保。贷款额度每户原则上不超过5万元,也可突破额度限制,具体金额视项目需要确定。

还可以给予一定的利率优惠,鼓励机构和农户组建设农业融资担保公司。泰州市由政府、村镇龙头企业、村干部、农民经纪人出资入股,组建涉农专业融资担保公司，将担保基金账户开设在合作的银行，为当地的农户、个体经营户提供定向贷款担保。

3. 政府补贴推行农业保险

农业保险可以有效缓解家庭农场的"自然风险"，银行等金融机构的担心就少多了。通过政府补贴农业保险，可以有效降低农业信贷风险，进而缓解家庭农场的贷款难题。

发展农业保险，帮助农民减少自然灾害造成的损失，有效增强农民抵御和防范风险的能力，对稳定农村金融意义重大。但农业保险具有高成本、高风险的特点，很难完全由市场提供，必须作为重要的准公共产品，由政府加以引导和推动。第一，为了增加农业保险的覆盖面，相关部门必须加快专门的农业保险立法进程，对关系国计民生的大宗粮食作物采取强制保险政策。第二，扩大政府对于农业保险的补贴范围及补贴幅度。通过提供保费补贴、费用补贴引导商业性保险机构进入农业保险市场。第三，增加宣传力度，改变农民的传统观念，使更多农民认识到农业保险的重要性。第四，政府对巨灾损失①提供一定程度的补偿，以分担农业保险机构的风险，建立再保险和巨灾分担机制。

4. 发展农产品期货市场

增强农产品价格保护机制和市场调控能力，分散并补偿农产品市场风险，把市场资源配置优势与政府宏观调控优势结合起来，既减少农户各自的经营分散决策造成的市场波动风险，又能通过政府制度分散和补偿农户的市场风险。增强和完善农产品期货市场功能，通过套期保值的方法分担市场风险。通过期货市场的套期保值把农产品市场的风险分散给更多的市场参与者。同时可以建立并完善农产品供求信息交换系统，引导农户按照市场供求变化进行有序生产，避免农产品独立无序生产带来的市场大幅度波动。

---

① 巨灾是指对人民生命财产造成特别巨大的破坏和损失，对区域或国家经济社会严重影响的自然事件。这里的自然灾害主要包括：地震与海啸、特大洪水和特大风暴潮。

5. 建设数据库及分类评级制度

目前，各金融机构已经建立的信息系统主要是信息采集系统，在农村信贷中建立完善的信用数据库，政府重点支持家庭农场，稳定经营规模、改善生产条件，推动落实涉农建设项目、财政补贴、税收优惠、信贷支持、抵押担保等政策。

据了解，各地通过成立农业担保公司、发放贷款补贴、设立风险防范基金、扩大贷款抵押范围等方式，加强对家庭农场的金融保险服务。湖北省武汉市采取"先建后补"的方式，逐一对家庭农场进行抽查，对达标的农场授予示范性家庭农场牌照，并下拨补贴资金用于基础设施建设。

> **链接案例** 家庭农场急需规划帮衬
>
> 王洪玲夫妇的农场地处黄河滩区，虽说挨着黄河，水浇条件并不好，再加上土质为红土，黏性大，一下雨，脚踩在泥里就拔不出来。"在这里废这劲，还不如出去打两天工挣得多。"为此，不少农民干脆弃耕。
>
> 小路两侧，时见有地块荒草丛生，王洪玲说，这些就是农民弃耕的农田。从2011年起，之前在山东省济阳县城干服装销售的她，就把这些地从农民手里聚拢起来，2013年，注册成立了银丰家庭农场。
>
> 经过2年多的发展，农场已初具规模。三间看护房前是一个藕池，左边是一片柳林，房后养着上百只鸡。按照王洪玲丈夫鲁勇的规划，想把这里打造成一个集观光旅游、垂钓、采摘、餐饮一条龙服务的绿色生态园。
>
> 按照这个规划，整个农场划定了500亩的果树种植区，挖了6个浅水藕池塘，其余地块种了30多亩蔬菜、100多亩粮食、200多亩苗木。
>
> "麦田里挖的坑是准备春天种核桃树的。"按王洪玲的计划，树小时，地里就种粮食，树大了，就搞林下养殖。"现在一只鸡就100块钱，还不够卖的。"她对散养鸡的市场前景很是看好。
>
> 王洪玲对投资家庭农场一直很有信心，但两年下来，从商业领域

突然涉足到现代农业,有些难题让她有些意想不到。虽说是寒冬腊月,看护房边的柳树苗仍带有淡淡的绿意。王洪玲说,树苗是丈夫鲁勇主张种的,有30多万棵。当时想,卖树苗资金周转快,就是一棵赚一块钱,效益也很可观。但没想到,去年只卖了1万多棵,还是找人销的。"知道农业投资多,回报慢,但没想到这么慢。"王洪玲感叹道。

看护房的地上,一袋袋的地瓜已经长毛、霉烂。这是王洪玲的第二个没想到。她说,去年种了50亩地瓜,结果赶上下雨,当地红土地泥泞不堪,车根本进不来。最后,用链轨车挂上拖拉机斗,才运出去了一半,剩下的10多万千克全烂在了手里。之前,下种西瓜的时候,也上演过相似的一幕。

"办农场,方方面面的事都要想到,一个想不到,就要亏大本。"鲁勇说,这里的土是一层红土一层沙土,土质不适合挖地窖子。"如果有个冷库就好了,损失就不会这么大。"

第三个没想到是没想到种地这么耗钱。虽然两口子都是农民出身,但仍然没想到投资农场就像是个无底洞。王洪玲说,因为租的是河滩地,高洼不平,当时想整整就行了,没想到,一遍整下来,光油钱就花了9万多元。

"这里虽说靠着黄河,可黄河水也没那么及时。"王洪玲说,天旱了,种粮食还能挨两天,但种菜、种果树、种西瓜,就不能指望黄河水了,所以她陆续打了10眼机井,为从黄河引水,还修了渠道,安了闸口,拉了电缆……

一样样算下来,已投进去了400多万元。之前赚下的钱早就花光了,后来,王洪玲又把自己在县城里的三套商品房,先后两次抵押给银行,贷了380万元,现在也快用光了。"3月份的西瓜苗都定好了,苗钱在哪里,还是个未知数。"王洪玲说,现在一想起有那么多用钱的地儿,她就头疼。

"前些日子,济南市副市长召集家庭农场主开会,我也去了。当时副市长问大家有什么困难,我们都说缺钱。"王洪玲说,现在农场主们就盼着政府能有个扶持政策，帮他们一把。

虽说缺钱，去年秋天，王洪玲还是流转了将近200亩土地。"就是觉得便宜，才500元一亩，怕过两年这个价就流转不到了。"

租了这么多地，要种什么，往哪个方向发展，王洪玲两口子并没有一个统一、完整的规划。

"觉得核桃好贮存，用工少，当年卖不了，第二年还能卖，所以就种了核桃树。树苗也一样，鲁勇觉得来钱快就种了，至于市场好不好，前景怎么样，也是听别人说的。"王洪玲对丈夫的"盲目行事"颇有微词。

不过，两个人也逐渐认识到了家庭农场规划的重要性。鲁勇介绍说，他只有初中文化，妻子王洪玲学历高点儿，也只是高中毕业，两人都没有受过专业教育，管理模式、经营理念等方面都受到限制，所以，今年他们打算请个专家来给规划一下，该在哪儿修个长廊，哪个地方该种什么，听听专家的意见。

对于王洪玲两口子的规划，济阳县委的一位工作人员表示了担忧。"济阳市离济南市也确实不远，开车也就20多分钟的路程，貌似采摘休闲游有很大的市场，但黄河大桥收费这一项就把许多人拦在了黄河南。而且最重要的是做出特色，如果没有特色，在采摘游越来越普及的情况下，吸引人气恐怕有些难度。"这位工作人员认为，农场布局要规划，但更要紧的是对投资要进行规划。

山东省社会科学院农村发展研究所所长张清津认为，家庭农场主们投资家庭农场前，最好做一下前期论证，包括当地的基础设施、土壤、水质情况等，而且最好找懂得现代农业规划设计的专业人士，对种植业、养殖业发展方向、市场前景，农业产业导向等做一个预判，以减少投资的盲目性。

——中国经济网 http://sd.ce.cn/xw/sd/201401/27/t20140127_1329588.shtml
2014-01-27

五、家庭农场的人力扶持政策

所有经营主体中最为核心的要素是人，因此家庭农场的发展尤其离不开人力资源的支持。现代农业发展，对农民的素质要求越来越高。高素质的农业劳动力，是农业现代化发展的源泉。

在德国，根据德国法规，任何农民都必须经过教育，持证上岗。德国的农业教育主要有两种方式，一种是通过大学培养专门农业人才，另一种是通过职业培训达到农业从业资格。德国农业从业人员中，大约40%是通过大学培养的。因此，在德国家庭农场中，农场主很多都是具有学位的农业专业人才。笔者参加的位于德国基尔市的"全球奶业比较网络同盟"中，相当多的具有博士学位的专家本身就是农场主。另外一部分农场主则是通过职业教育完成岗位要求。

德国的职业教育可以说是举世闻名。在德国，农业职业教育分为3个层次，分别是初级农业职业教育、中级农业职业教育和高级农业职业教育。初级农业职业学校同其他行业职业学校学制一样，学习时间为3年。3年后学生需要参加全德统一的职业资格考试，考试分笔试、口试和实际操作三种形式，以实践操作技能为考试重点。合格人员取得职业资格证书才能成为正式的农民。在初级职业学校3年毕业后，才可继续上中级农业职业学校，学习3个学期。这期间主要学习内容是经营管理，主要目的是由农业生产向农业经营转变。由中级农业职业学校毕业并工作一年后可继续上高级农业职业学校，学制一年，主要学习企业管理和营销知识。高级农业职业学校主要培养农业企业管理人才。另外，德国还有各种职业培训，包括种植、农机、畜牧、园艺、花卉等，培训课程根据农业发展需要丰富多彩。据统计，仅2008年，参加各项培训的就有4.2205万人次。德国全面的教育体系，为德国农业发展提供了高素质的劳动力，加上德国高度现代化的农业技术设备，使德国农业达到了世界顶级水平[1]。

---

[1] 林西.德国农业职业教育印象.农民日报，2009-06-30

我国对家庭农场的人力资本方面的投资也非常重视。在这方面，国家政策在以下三方面有优惠政策。

（一）发展新型职业农民

什么叫职业，什么叫职业精神？有一个故事很有意思，1981年，美国的里根总统遇刺时，贴身保镖用身体挡住了飞向总统的子弹，他倒在地上后说："我终于等到这一时刻了。"[①]

家庭农场的从业者就是职业农民。

职业农民是个新概念，望文生义，职业农民就是将从事农业作为独立职业的农民朋友。从规范的定义职业农民是将农业作为产业进行经营，并充分利用市场机制和规则来获取报酬，以期实现利润最大化的理性经济人长期以来，社会上长期将"农民"这个职业当成嘲讽的对象，但是当社会把"职业农民"写进中央文件，说明当个农民也是一个光荣和有前途的职业。职业农民并非是户籍在农村就是职业农民，他隐含3个前提条件：一是从事农业以获取经济利润为目的；二是必须从事农业生产和经营；三是必须作为一种独立的职业。

新型职业农民首先是农民。所谓农民是指长期居住在农村社区，并凭借土地等农业生产资料长期从事农业这个行业的劳动者。从一般意义上说，被认定为农民要符合以下4个条件：他们占有或长期使用一定数量的生产性耕地；他们大部分时间从事农业劳动；他们的经济来源主要来自农业生产和农业经营收入；农民长期居住在农村社区。这是农民的一般特征，职业农民当然也必须符合这些条件，以区别于非农民。

相对传统农民而言，新型职业农民除了符合农民的一般条件，还须具备"新"，那么"新"在哪里呢？

第一，新型职业农民应该是市场主体。传统农民追求的是维持生计，而新型职业农民则充分进入市场，并利用一切可能的选择追求报酬最大

---

① 李飞.定位故事.北京：经济科学出版社，2008

化，一般具有较高的收入，也就是高于一般农民的平均收入，而且和所在地的从事一般职业的居民，特别是城市居民劳动者，拥有相同水平的收入。

第二，新型职业农民具有高度的稳定性，把务农作为终身职业。新型职业农民与兼业农民的最大区别在于收入来源不同决定了对土地的态度不同。兼业农民，特别是以打工为主的兼业农民，因为其主要收入来源是打工收入，农业沦为家庭"副业"。兼业农民往往对种地收入抱着可有可无的态度，种地的目的甚至仅仅是"够自己吃就行"，影响了农业的产品贡献。新型职业农民则不同，农业收入是其主要收入，甚至是唯一来源。因此，他们重视农业的产出和市场价值，注重资源的合理配置，具有较高的生产积极性。不仅如此，新型职业农民的稳定性使之更重视土地的可持续利用，避免农业经营的短期行为，是可持续农业的重要条件。此外，职业方面因为其收入、社会上感受到的尊严，以及稳定性等方面因为具备吸引力，从而"后继有人"。稳定性是农业的自身特点对从业者的基本要求，以区别于资本农业对农业的短期行为。

第三，新型职业农民具有高度的社会责任感和现代观念，新型职业农民不仅有文化、懂技术、会经营，还要求其行为对生态、环境、社会和后人承担责任。

家庭农场是中国农业清晨的太阳，昭示着未来的希望，也是新型职业农民的施展才华的舞台。家庭农场激发了农村土地、人力、资金、设施、机械等生产要素的潜能，促进了设施化、机械化、信息化的推广和利用，提高了劳动生产率、资源利用率和土地产出率。在家庭农场上的农民就是新型职业农民的主要来源。随着越来越多的年轻人离开土地融入城市，为土地流转创造了条件，土地向种田"能手"流转逐渐形成承包大户，进而形成家庭农场。需要指出的是，目前从事农业生产的四五十岁的农民，不仅具有丰富的农业知识，还对农业有感情，着力把他们中的一些种田"能手"培养成新型职业农民，对农业文化传承和农业的可持续发展具有承上启下的重要意义。

此外，对于一些致力于农业发展，立志从事农业的大学毕业生，还有外出打工的返乡创业者，最理想的载体也是家庭农场。他们有技术、有见识，有资本，对农业和乡村怀有感情。他们返乡创业，创建家庭农场，就是充满希望地成为新型职业农民。

（二）教育和培训现有大户的户主

现有大户是家庭农场发展的初级阶段，大户"户主"的素质在很大程度上影响着家庭农场的创建水平和发展水平。种粮大户、种田能手、种植专业户是以自然人身份和个人资本，通过土地承包权流转而扩大经营面积，并且仍然在从事农业经营的人。他们一般游离于龙头企业、专业合作社之外，但是他们既是劳动者，经过发展又可以成为"家庭农场"的管理决策者。他们的素质、水平甚至个性直接影响到家庭农场的创建和发展。

随着政策的逐步到位，他们都可以注册成为"家庭农场"。这些户主作为是家庭农场的关键成员，既是"一家之长"，又是"一场之主"，决定着日常农场的生产和经营管理。家庭农场还担负着一个重要的使命，就是促使传统农业向现代农业转变。所以户主们不仅要有文化、懂技术，而且要会经营、善管理。

根据浙江家庭农场的调查[①]，在被调查的136个家庭农场中，农场主平均受教育年限为9.6年，其中，文盲2人，小学文化程度15人，初中文化程度58人，高中文化程度43人，大学文化程度18人。尽管大部分农场主从事农业生产多年，实践经验丰富，但毕竟受学历、理念等因素影响，难以有效承担现代农业发展的重任。虽然这是一个地区性的调查，但是"窥一斑可见全豹"，提高农场主的经营管理素质和能力是改造传统农业、壮大家庭农场的重要抓手。

2005年底，农业部在《关于实施农村实用人才培养"百万中专生计划"的意见》中首次提出培养职业农民。该文件指出，农村实用人才培养"百万

---

① 陈永富，曾铮，王玲娜. 家庭农场发展的影响因素分析——基于浙江省13个县、区家庭农场发展现状的调查. 农业经济，2014（1）

中专生计划"的培养对象是：农村劳动力中具有初中（或相当于初中）及以上文化程度，从事农业生产、经营、服务以及农村经济社会发展等领域的职业农民。2006年年初，农业部进一步提出招收10万名具有初中以上文化程度，从事农业生产、经营、服务以及农村经济社会发展等领域的职业农民，把他们培养成有文化、懂技术、会经营的农村专业人才。2007年1月，《中共中央国务院关于积极发展现代农业扎实推进社会主义新农村建设的若干意见》首次正式提出培养"有文化、懂技术、会经营"的新型农民。2007年10月，新型农民的培养问题写进党的"十七大"报告。

国家政策明确指出，为了促进家庭农场的发展，要加大对家庭农场经营者的培训力度，将家庭农场经营者纳入新型职业农民、农村实用人才、"阳光工程"等培育计划。鼓励家庭农场经营者通过多种形式参加中高等职业教育提高学历层次，取得职业资格证书或农民技术职称。

| 链接案例 | 峨眉29岁小伙和他的"家庭农场" |

四川省峨眉山市符溪镇战斗村，新村聚居点的另一侧，一座刚崛起的白色大棚格外引人注目。

这个即将投用的蔬菜大棚，归属战斗村的"能人"老许家。老许眼下正在云南的蔬菜种植基地现场指导春种春播，记者见到的是他29岁的儿子许鹏。

全钢架结构，内外遮阳层加保温层，层高6米，大棚面积2 000平方米，概算投资230万元。大棚的高标准，不仅体现在建筑材料，关键在高度智能化的操作系统。"温度调节、喷洒作业等全部自动控制，不再需要人工作业。"生产技术总监宋智强介绍说。

大棚专供蔬菜育苗用，计划年育大苗300万株、小苗2 000万株，以成本价统一提供给种植户。投入产出一算账，建这个大棚本身并不赚钱，为什么还要建呢？

答案就在周边10 000余户蔬菜种植户，他们都是许鹏家的协议供应卖家。"农户自己育苗，往往难以保证种植需求，一不小心就耽误一个季节，误了收成又影响市场。有了这个大棚，以后的种苗就没问题了，种植户省钱又省心，我们的营销也稳定。"许鹏说。

把一家一户分散的种植户组织起来，统一收购、统一外销，许鹏家的"家庭农场"规模一年比一年大。除峨眉本地10 000余协议农户、40 000多亩蔬菜基地，近年还在井研流转土地1 300亩、云南省流转7 000亩搞蔬菜种植，销售网络远及四川以外的东北三省、北京市、山西省以及郑州市、西安市和寿光市等地。2012年，许鹏家的"家庭农场"组织营销蔬菜10万吨、销售总额3.3亿元，种植户户均纯收入2万元。

先进适用技术、现代生产要素，规模化、集约化、商品化生产经营，这些现代农业的特质，在许鹏的"家庭农场"流动生金，新型农业经营主体表现抢眼。

每年，许鹏家都会拿出300万元左右的资金，用于修建蔬菜种植基地的道路沟渠等基础设施。此外，每年还有一笔刚性垫资：拿出800万元左右资金，为协议农户先期购回种子、化肥、农药、农膜等生产资料，待农户卖出蔬菜后再收回。

这一"家庭农场"的朴素商业模式，有效化解了发展要素城乡倒流的顽疾，建立起互助共赢的良性新型合作关系。

眼下，许鹏的"家庭农场"正在孕育一场新技术革命：自主研发的早春大棚苦瓜种植，抗病、产量高，已进入试种推广。这一新技术成果令人激动：抗病，将直接减少农药使用，安全环保又降低种植成本；产量高，保守估计将高出30%以上，亩产增加500千克以上。以一年两季蔬菜计算，一般亩纯收入将达到2万元。

投入基础建设、投入种植生产、投入新技术新产品研发、培训种植户、保底价收购农户反季蔬菜……"家庭农场"里这些显见的资本下乡，带来的直接和外溢效应让人欣喜。直接效应是农业增效、农民增收、"家庭农场"壮大，外溢效应是食品安全、产业现代、农民新型……

从乡村到城市,从田间到餐桌,很难分清是蔬菜进城牵动了资本下乡,还是资本下乡牵动了蔬菜进城?或者,二者原本就不该分得那么清?产业与资本,实则互为鱼和水的关系?

现代农业和职业农民。近年,老许把生产经营的一摊子事儿逐渐放权给了许鹏。实际上,为了最大限度对接农户的小生产与消费的大市场,许家的"家庭农场"早些年就"外搭"了一个更大的平台,实行公司化运作。通过这个平台,大宗农产品变成了商品,变成了农户和公司的货币收益。

29岁的许鹏,已经跟随父亲摸爬滚打10年,青春的朝气中透着历练后的沉稳。父子二人,两代创业,"家庭农场"在农业和商业的大潮中洗礼,不断增加着现代元素,实业"雪球"越滚越大。

许鹏2013年的新计划有两项:投资2 800万元,扩建2 000吨气调库,新建泡沫包装箱生产线,放眼更大的市场需求。

而在许鹏的职业生涯规划中,学习也列在重要日程,近期目标是完成工商管理或市场营销专业的培训深造。

有专家认为,未来农业是"农源型产业",是农业生产过程与消费过程的结合,已经具有知识经济的意义。在许鹏身上,记者感受到了新生代"农场主"更高远的人生追求。以科技为特征的现代农业,以知识为标志的新型"职业农民",正在颠覆我们传统印象中的"三农"形象。这一变化,无疑是令人欣鼓舞的。

——杨心平.峨眉29岁小伙和他的"家庭农场".乐山日报,2013-02-21

六、家庭农场的技术扶持政策

"科学技术是第一生产力",小面积的分散农户经营以及农业的短期行为是制约农业科技转化为生产力的重要因素。而家庭农场有其稳定性和规模性，因技术的采用可以通过家庭农场的规模经营获得较高的收益，利益的驱动促使农场主使用先进的科学技术。只有形成家庭农场才能刺激农业科技需求、才有利于职业农民生产经验的积累和传递。

家庭农场的快速发展，提高了家庭农场主的创新意识和品牌意识。并且家庭农场主大多具有较强的科技意识、创新意识和品牌意识，乐于尝试新品种种植养殖，运用农业科技、农业机械提高农业劳动生产率。这在一定程度上推动了农业科技的推广，提高了农民素质，有利于高效农业的发展。

2014年2月24日，农业部以农经发〔2014〕1号印发《农业部关于促进家庭农场发展的指导意见》，意见中就家庭农场社会化服务提出三个方面的政策，其核心是支持家庭农场改善生产条件、提高技术水平。其政策要点主要是：基层农业技术推广机构要把家庭农场作为重要服务对象，有效提供农业技术推广、优良品种引进、动植物疫病防控、质量检测检验、农资供应和市场营销等服务。支持有条件的家庭农场建设试验示范基地，担任农业科技示范户，参与实施农业技术推广项目。引导和鼓励各类农业社会化服务组织开展面向家庭农场的代耕代种代收、病虫害统防统治、肥料统配统施、集中育苗育秧、灌溉排水、贮藏保鲜等经营性社会化服务。

作为家庭农场主，主动接受培训，加强自我学习。其次是加强技术服务的支持，推动与省内外科研院校进行技术合作，聘请专家进行技术培训指导、品牌创建等服务；加大培训力度，提高农民技术水平。三是加强监控，防止改变土地农业用途。

链接案例 江苏省发展家庭农场 让农民依傍现代农业富起来

从过去的一亩三分地到如今的动辄几百上千亩，从过去的拼体力到如今的拼脑力，从农民到农场主，带来的是农业的多重跨越。

种田，用上了GPS。"瞧！这张图是上个月请专业测绘队用GPS定位做成的。这块地西高东低，最大落差有一米多。"徐州市铜山三堡镇海湖农场主彭永辉指着办公室墙面上的农场现状图给记者看。

2013年5月，彭永辉注册成立拥有800亩地的家庭农场，第一件事就是花钱请人制作了这张图。"现在是农场主，跟过去当农民不一样了，得跟得上变化！"彭永辉笑着说。GPS给土地做了全面"CT"后，他又请来农业专家做了一张农场规划图，根据地势高低、肥贫而"因地施种"：这是水稻区，这是瓜果种植区，这是种苗培育基地……跟过去凭感觉种地不同，他的土地现在分为多种类型，实施多样化、精品种植。

家庭农场的出现，不仅给农民的传统思想"洗脑"，也让老的生产方式提档升级。8月22日，在铜山张集镇见到顺发农场主王士涛时，他刚从山东省潍坊市考察回来。前段时间，潍坊市的一家农机公司邀请他们去免费参观玉米联合收割机的使用。"以前我家种水稻、小麦主要靠人力，我之所以报名去参观，是因为现在不一样了，机械化是农场发展的趋势，早学早主动。"出去转了一圈后，启发很大，他回来后立马买了插秧机、烘干机。

提档升级后最显著的变化是，外流的人才回来了，重新向土地集中。8月的盱眙玉皇山，瓜果飘香，桃红葡紫。自从承包这片荒山的季厚礼在年初成立了家庭农场，盱眙40多名青年农民决定放弃在外打工的机会，加入到他"石头缝里打江山"的事业中来，其中包括6名本科生。家庭农场激发季厚礼进一步"攀"大"靠"强，引进技术外援。他已主动与南京的科研院校合作，先后邀请江苏省农业科学院、南京林业大学、南京农业大学的专家来实地考察指导，并签订了长期技术服务协议。"拦住地面水、蓄住天上水、补调淮河水、提取地下水、保住土壤水"，就是专家设计的一套补水体系，这让他当年逢大旱而不缺水，仅瓜果收入一项就达200多万元。

——作者摘自：刘宏奇，王世亭，李仲勋，赵晓勇，王岩，蔡志明．人民网，2013-09-18

七、鼓励家庭农场的联合与合作政策

家庭农场作为一个崭新的发展引擎,是发展现代农业的有效载体。但是,世上没有一帆风顺的事情,新事物的出现也伴随着很多新问题,对此媒体上呼吁政府扶持的报道屡见不鲜。一方面,我们需要政府加大扶持力度;另一方面,很多问题的答案还来自市场、来自民间。

家庭农场还可以与其他经营主体实现共赢发展。2014年2月24日,农业部以农经发〔2014〕1号印发《农业部关于促进家庭农场发展的指导意见》,意见中就家庭农场的联合和合作提出三个方面的政策。第一,引导从事同类农产品生产的家庭农场通过组建协会等方式,加强相互交流与联合。第二,鼓励家庭农场牵头或参与组建合作社,带动其他农户共同发展。第三,鼓励工商企业通过订单农业、示范基地等方式,与家庭农场建立稳定的利益联结机制,提高农业组织化程度。

> **链接案例** 宜陵镇成立市首个农场联合会
>
> 江苏省扬州市市首个家庭农场联合会4月23日在宜陵镇成立。该联合会是由宜陵镇农村合作经济组织、各家庭农场、养殖大户、相关涉农事业单位为主要成员联合组建而成,首批吸纳会员104户,注册资本3万元,会员中,已注册家庭农场的有13户。
>
> "以往的一家一户超小农业规模经营,已经不利于农业生产发展,也不利于市场竞争,从2010年下半年起,宜陵镇开始试点推广农业适度规模经营。"宜陵农场联合会名誉会长宗晓庆告诉记者,"主要鉴于规模经营后整个运作过程中出现的产前、产中、产后出现的诸方面问题,成立农场联合会,让农民潜移默化地形成科学种田的理念,也有序推进土地流转。"

据了解，联合会主要面向农村合作经济组织、镇内各家庭农场、种植大户和相关涉农事业单位、社会团体及个人招收会员。遵循"绝不与民争利、绝不算计农民、绝不让农民吃亏"的原则，利益保障以实物计价，分红保底为水稻每年每亩250千克，统一以当年国家粮食收购托市价结算。

"在80多个农场大户中，有的擅长小麦种植，有的在水稻虫害把握上有一套，通过这种形式把大家集中起来，提高抗御自然灾害的能力。"宗晓庆介绍，成立联合会的好处多多，比如在对农场进行管理和服务的条例中，规定所有农场不得焚烧秸秆，如发现有焚烧秸秆现象的，立即终止其承租资格。"以前夏收20天，秋收30天，费很大力去整治焚烧秸秆问题，联合会成立之后，就会省心很多。"除此之外，更多的农场主开始主动购买农业保险，改变了以往村集体提前垫付，农民不愿购买的情形。同时，也促进了产品结构调整，不必再"刀子砍、鞭子赶"了。

该联合会还计划建立农场信息平台，为农场提供政策咨询服务、科技服务、生产资料供应、农产品销售等信息服务。"有些农民不会熟练使用电脑，联合会将有专门人员上门收集信息，进行网络化管理，更好地服务各个会员。"

该联合会还将利用地域优势，抓住江都建设农村改革试验区的新机遇，努力把联合会半程服务发展现代农业的有效载体、优势互补的联合团体，积极探索和实践农场农业发展的新思路，努力提升农场综合竞争力和抗风险能力，全面促进宜陵镇农场农业健康发展。

——志远，张煊.扬州网讯，2014-04-28

第三篇

经营篇

经营一个家庭牧场，并非像当初经营一个农户那么简单，也不像农业企业那样，可以雇用职业经理人来打理公司事务。家庭农场事无巨细，全部要由农场主一人决定。因此，农场主的经营意识、经营理念、经营方式就显得尤为重要。

对于一种类似于企业的农场，我们不妨看看企业界如果遇到经营问题，往往怎么办？许多公司在有经营方面的疑问和困惑时，就问计于咨询公司。

世界知名的管理顾问大师彼德·杜拉克在从事诊断顾问工作时，遇到了这样的情形：双方坐定之后，客户总会提出一大堆的难题向杜拉克请教。然而，杜拉克并没有正面迎击，而是推开了这些问题，然后对客户说：

"你最想做的事是什么呢？"

"你为什么要去做呢？"

"你现在正要做什么事呢？"

"你为什么这样做呢？"

杜拉克不替客户"解决问题"，而是替客户"界定问题"。他改变客户所问的问题，并提出一连串的问题反问客户，其目的是要帮助客户认清问题，找出问题，然后让客户自己动手去解决那个亟须处理的问题。我们往往为了追求结果，没有耐心花时间去界定问题。我们经常仅用几分钟就提出问题,却用数月甚至数年去解决一个并不重要的问题。经营一个家庭农场也是如此。首先需要明确我们建立一个家庭农场,最想做的是什么?为什么要去做?做好家庭农场,我们现在正在做什么事情?为什么要这样做?其实我们只要界定好问题,把这些问题简单化、明确化、重要化(即判断出问题的重要性),那么问题就解决了一半。

那么作为农场主,我们在经营中一般会遇到什么问题呢?

首先是农场办到多大规模会产生效益,是不是越大越好呢?

其次是如何找到市场?并且能够顺利有效地进入这个市场。现在农产品基本上延续旧的销售办法,以产地农贸市场为主源头,向消费地农贸市场延伸,末端通过超市与社区菜场进入千家万户。这样的方式将在长时间内继续存在,但不论怎样,农产品现代营销已悄然兴起,它在不断丰富原有方式基础上,正逐步渗透和改变传统的营销模式。家庭农场要发财致富,就有必要应用现代农产品营销,从消费者习惯、心理、潜力、心态等诸多方面仔细琢磨,把农产品营销售延伸至生产、加工包装、运输仓储、销售渠道各个环节,通过多样化渠道,建立各种人性化的营销模式,在使产品品质和食品安全得到充分保障同时,以快捷、高效、增收促进家庭农场致富。

再次是如何进行农场的内部管理,以便于更好地节约成本,获得效益?

一、适度规模经营

我们大家使用的微波炉大多是格兰仕公司生产的,格兰仕成功的秘密是规模优势。1992年,格兰仕引进当时最先进的东芝微波炉生产线,在半年内建成投产。10年内,格兰仕的生产规模不断扩大,产量从投资建厂时生产微波炉1万台到1996年增至60万台,1997年激增至接近200万台。目前已拥有全球最大的微波炉生产基地,年生产能力达1 500万台。格兰仕从1996年开始屡屡掀起"降价风暴"以来,大量小规模的厂家被迫退出市场。几年后，能与格兰仕一争高下的仅剩下处于市场第二位的韩国LG。目前格兰仕垄断了国内60%、全球35%的市场份额，成为中国乃至全世界的"微波炉大王"。

但是，除了"大而强"的公司，也有"小而美"的公司。

香港有一家皮鞋作坊，父子两人经营，厂店合一，为顾客手工定制皮鞋。由于他们根据每一位顾客的脚形制作，而且质量精致，价格和名气远远超过"老人头"之类的世界名牌。李嘉诚、金庸这些名人都穿这家店的皮鞋。类似这样的鞋厂，世界上还有不少，比如制鞋王国意大利，60%的名牌鞋都出自小厂，有80%的这种小工厂的员工只有不到20个人。读了以上的案例，我们发现，并不是所有的企业都要做大做强。如果每家企业都要做大做强，都要成为世界第一，那么所有的行业都成了垄断行业，也不可能有市场上千姿百态、多种多样的企业，当然这也不可能实现。企业界就像一个生态系统，既有"参天大树"那样的超大企业，也有如"灌木丛丛"的中小企业，更有"林下幽草"般的小微企业群体。一家企业不管大小，成功关键是找到自己的位置，找准自己的定位，发现属于自己的生存空间。

（一）土地流转对家庭农场经营的决定性作用

土地是家庭农场最为重要的生产资料。作为一个家庭农场的农场主，在经营中会发现首要问题是，原有土地规模很小，绝大部分家庭农场发展需要流转土地。

规模化经营是家庭农场的发展基础，家庭农场作为我国发展现代化农业而产生的新型生产经营主体，最显著特征就是规模性经营，以规模性生产经营实现家庭农场较高的盈利性。这个特征不仅来源于家庭农场的定义，同时也是世界许多家庭农场发展成熟国家的家庭农场的普遍特征。

有学者研究了发达资本主义国家的家庭农场[①]。美国农业发达，农业

---

① 陈明鹤.土地流转与家庭农场的关系探讨——以辽宁为例.党政干部学刊，2013（8）

人口仅占总人口数的不足2%，但农业生产力惊人，不仅能够完全满足3亿美国人的粮食需求，而且能够出口创汇。美国是全球谷物出口大国，2011年美国玉米出口量占全球总交易量的39%。2013年6月13日，联合国粮农组织发表世界粮食前景报告。报告中指出，2013-2014年度，因为美国小麦和玉米产量的增加，全球谷物产量将升至纪录高位。美国这样的高产农业主要依赖家庭农场，截至2010年，全美有约220万个农场，这220万个农场主平均生产经营面积为2 400亩，220万个农场共有350多万个劳动力，平均每个农场有1.6个劳动力。归功于科技的发展，在美国生产2 500千克玉米只需要花费不到2小时的人工，两三个劳动力一年就能生产上千吨的玉米，一个农民的产粮量能够满足155个人生存所需的粮食。根据美国农业部的统计，在全美所有农场中，有98%是家庭农场。那么计算一下，构成美国农业生产支柱的220万户农场中有约215万个家庭农场，这些家庭农场的经营面积、劳动力构成以及产能都符合上面提到的农场平均值。美国的农场主很多都是富人，即便在国家经济形势恶化的情况下，农业发展却是蒸蒸日上，特别是从2010-2011年这两年间，农业逆势而上，2011年农业收入达到了250亿美元，农场主收入也以惊人的速度增长，2010年收入超百万的农场中家庭农场占到近九成。和美国情况相同的，还有美国的邻国、领土面积世界排名第二位的加拿大，以及领土面积世界排名第六位的澳大利亚，这些国家的家庭农场规模大、现代化机械经营程度高、具备相当强的盈利性。

美国、加拿大和澳大利亚是大规模家庭农场的代表，归因于这些国家地广人稀的国土状况。以德国和法国为代表的欧洲国家，它们的家庭农场发展也十分成熟，但家庭农场的规模相比美国等国家要小。以德国为例，德国家庭农场占国内全部农场的90%以上，构成了德国农业的基础。全国约有家庭农场35万个，其中，生产经营面积在1 500亩以上的大型家庭农场约占总数的8%，有近3万个；经营面积在450~1 500亩的中型家庭农场约占总数的30%，有10.4万个；经营面积在30~450亩的小型家庭农场约占总数的62%，有近22万个。从数据可以看出，德国的家庭农场是以中、小型规模的农场为主。德国的农场情况代表了欧洲家庭农场发展的主要模式。世界上第三种成熟的家庭农场模式是以韩国和日本为代表的小型家庭农场模式,这两个国家的人地比例就是典型的"人多地少"。基本国情决定了他们家庭农场的规模,这两个国家农场的经营规模底线是15亩。尽管家庭农场的经营规模不大,但是通过高科技化和机械化以及政府对其的各项补贴保证了日本和韩国家庭农场主可以获得极高的收入。

2013年,中央"一号"文件首次提出了发展家庭农场等新型农业经营主体,以规模化、集约化、商品化的农业生产方式发展农业、富裕农民、振兴农村。家庭农场作为现代化农业发展的新型生产经营主体,一个最显著特征就是规模性经营,以规模性生产经营实现家庭农场较强的盈利性。我国的家庭农场大多由承包农户发展而来,至多是经营大户,原有土地规模很小。建立在人地比例较低的国情基础上,适度规模经营是现代农业发展的必经之路。家庭农场要实现富裕农民的目标,必须首先实现适度规模化经营。2013年,中央"一号"文件提出,鼓励和支持农民的承包土地向家庭农场等经营主体流转,以适度发展农业规模化经营。在我国实现农业规模化经营的方式就是土地流转,即拥有土地承包经营权的农户将土地经营权转让给其他农户或经济组织,自己保留土地承包权。在我国,现阶段家庭农场的规模性要依靠土地流转来实现。

梳理了土地流转的历史进程能够发现,政府在对土地流转的原则、方式等方面进行规定的同时都会提出,可以因地制宜地发展适度规模经营。土地流转使土地能够集中,这种集中一方面解决了农业现代化发展的用地需求,另一方面解决了工业化、城镇化发展过程中引起的农业生产问题。

在土地劳作的农民,主要收入完全依赖于农业生产。尽管科学技术提高了土地的单位产出效率,但是这种提高不是无止境的,到一定程度后,必须通过耕种面积的扩大来实现农民收入的提高。我国提倡集约化农业,以土地生产率和劳动生产率的提高来实现单位耕种面积农产品的增收,其中重要的一条就是要实现机械化作业,机械化作业发挥功能的必要条件就是土地规模化经营。因此,要实现农业现代化,实现以现代农业来强农、富农的目标，就必须满足农业发展对土地的规模性需求。家庭农场是农业现代化实现的一个重要途径，家庭农场必须具备规模性，因此，从家庭农场发展的土地因素角度出发，土地流转是家庭农场发展的重要决定因素。

从20世纪80年代开始，随着改革开放的不断深化和经济的发展，我国出现了农村劳动力外流现象。务农劳动力外流，支持了我国快速发展的工业化和城镇化。大量农民通过外出打工来补贴家庭收入，成为了兼业农民。大量兼业农民形成了具有中国特色的一个新生事物，即农民工。大量农民工从事非农产业的生产，获取工资性收入，使工资性收入占农民总收入的比重逐年上升，很大程度上改善了农民原来的生活水平。截至2011年，我国已经有2.5亿农民工。这些农民工满足了改革开放以来我国工业化、城镇化发展所需的大量廉价劳动力，形成了发展红利。尽管劳动力外流最开始源于粮食问题的解决，但是随着劳动力大量的持续外流，引发了农业生产的一系列问题。正如2013年中央"一号"文件中提到的，农村劳动力大量外流引发了农户兼业化、村庄空心化和人口老龄化问题的暴发，威胁了国家粮食安全和重要农产品供给。这些问题的根本都在于：谁来种地？大量适龄劳动力不再务农，只剩下老年劳动力，接受科学技术能力较差，不能经营规模化生产，更严重的是无人种地导致的土地荒芜。这个问题的解决在实践中已经有了成功的案例，上海市松江区为了解决上述农业生产问题，以土地流转促进家庭农场发展。到2011年底，全区99.4%的土地进行了流转，一方面解决了无人种地的难题，另一方面支持了家庭农场的发展，富裕了农民。当地家庭农场主很多户年收入都超过20万元，远超一般城市白领。可以说，没有土地流转，想要实现以家庭农场来强农、富农的目标是不可能的，也只有土地流转才能推动家庭农场的规模化发展。

（二）土地流转溯源

土地流转开始于1984年后，家庭联产承包责任制产生的历史背景就是当时我国存在严重的粮食问题。从解放战争时期开始的土地改革，在

1953年春完成，极大地调动了农民的生产积极性。但好景不长，到农业合作化时期农民逐步失去了自己的土地，发展到人民公社阶段，农民的生产积极性已经受到了极大的伤害。再加上当时中国处于特殊的历史时期，导致 1959—1961 年这三年成为新中国成立后我国农业生产减产最严重的三年。紧接着的文化大革命更是严重影响了农业生产，粮食问题十分严峻。在这种情况下，1978 年，安徽省凤阳县小岗村开创的家庭联产承包责任制使小岗村在当年就实现了粮食大丰收，比上一年粮食增长了近 4 倍。1978—1985 年这几年间，我国粮食增幅达到新中国成立以来的最高峰，到 1984 年我国粮食问题基本得到解决。

当农民不必为吃饭发愁时就能够从土地上解放出来，我国开始出现现代意义的农民工群体。这就导致了一个问题，即"谁来承包土地？"面对这种情况，1984 年，中央"一号"文件中提出：鼓励土地逐步向种田能手集中。社员不包或少包的土地可以由集体统一安排，或者经集体同意后由社员转包。1986 年，中央"一号"文件再次提出：面对农民向非农产业转移这种情况，鼓励耕地向种田能手集中，以发展适度规模的种植专业户。此时，尽管在民间出现了土地流转，但是因为没有正式的规定，这时的流转还是自发的而且规模很小。随着经济发展对农业的影响以及农业自身发展的需求，中央加快了对土地流转的完善。1993 年，中共中央、国务院发布了关于农业和农村经济发展的若干政策措施，规定：在坚持土地集体所有制性质不变以及不改变土地用途的前提下，经发包方同意，允许土地使用权依法有偿转让。农民转向非农产业并且能取得稳定收入的，在农民自愿的前提下，可以通过土地流转的方式实行适度的规模经营。2001 年，中发 18 号文件，对农户承包地使用权流转工作做出了明确的规定和要求。2003 年 3 月 1 日起实施的《中华人民共和国土地承包法》中明确规定了在平等协商、自愿、有偿的原则下进行土地承包经营权流转，规定了流转方式、发包方和承包方的权利及义务以及承包合同的制订等方面。2005 年 3 月 1 日起实施的《农村土地承包经营权流转管理办法》进一步细化了土地流转各项规定在实际中的运作方式。2008 年，党的十七届三中全会通过了《中共中央关于推进农村改革发展若干重大问题的决定》（简称"决定"），对已有政策进行完善，规定现有土地承包关系保持稳定并长久不变，强调流转原则是依法、自愿、有偿，流转后的土地不得改变其集体所有制制度，不得改变土地用途，不得损害农民土地承包权益。指导建立土地承包权流转市场，更为重要的是规定逐步建立建设用地市场，使农村集体建设用地可以与国有土地享有同等的权益。据统计，2006年，全国土地流转面积为0.555亿亩，占全国承包经营土地面积的4.57%；到2007年流转面积为0.6372亿亩，占比为5.2%；到2008年这两个数字是1.06亿亩和占8.7%；2009年，这两个数字变成了超过1.5亿亩和超过12%；2010年这两个数字是1.867亿亩和14.7%；2011年变为2.28亿亩和17.8%。从这个的数据能够看出，随着经济的发展和各项土地流转相关政策的完善，我国土地流转的进程很快[①]。

但是从数据上看，我国不同地区土地流转的比重差别很大，数据显示：上海市、北京市最高，分别达59.3%和46.3%；第二梯队的浙江省、重庆市和江苏省分别是38.9%、36.2%和34.2%；第三梯队的湖南省为21.4%；第四梯队的湖北省、安徽省、江西省和河南省分别为14.6%、14.2%、13.76%和13.39%，而第五梯队的山西省为5.77%。第一与第二梯队，非农就业多，非农收入高，城镇化比率高，农民务农积极性低，土地流转的比率就大，发展家庭农场就比较容易。而中西部农区，土地流转率20%以下的地区，农民非农就业机会少，城镇比率低，农民放弃承包土地的意愿低，这些地区不应强制发展家庭农场。整体来看，可以在城镇化比率高、非农就业比率高的地区适当建设家庭农场，不应全国一刀切都搞家庭农场[②]。

（三）适度规模经营

国家对家庭农场的流转土地有一个基调就是——"发展多种形式，

[①] 陈明鹤.土地流转与家庭农场的关系探讨——以辽宁为例.党政干部学刊，2013（8）
[②] 范梅华，顾荣.家庭农场的中国实践与思考.中国畜牧兽医学会家禽学分会第九次代表会议暨第十六次全国家禽学术讨论会论文集，2013

适度规模经营"。所谓多种形式，就是只有符合中国农业发展的特点和规律的家庭农场都值得鼓励和发展。而所谓规模化经营是适度规模经营。中国家庭农场的规模化经营和西方的大农场经营模式将有所不同。因为中国的土地资源现状是人多地少，所以中国是适度规模，不可能出现像上文所描绘的西方发达国家那样一个家庭农场经营几千亩，乃至几万亩土地的规模。

农场规模一是具有一定规模，以区别于小农户。其规模下限是足以获得满足家庭成员消费的收入所达到的规模，低于这一规模就难以对职业农民形成吸引力；其上限是在现有技术条件下，家庭成员所能经营的最大规模。家庭农场经营规模小，家庭经营精耕细作，单产高，土地产出率就会高，但是劳动生产率低；如果经营规模大，那么劳动生产率高，但是土地的产出率就比较低。我国的家庭农场要追求一定规模中的比较效益。相对而言，大宗农产品，如粮食类家庭农场，土地经营规模相对重要；而对于劳动密集型的农业，如生鲜蔬菜、水果、畜禽养殖类的家庭农场，土地规模并非决定因素。而且由于我国特有的国情，土地还承载着许多农民的就业和养老，不可能无限制的扩大规模，所以家庭农场要有一个适度的经营规模。那么怎样才算是适度呢？

"适度"的度，就是不要垒大户，不能改变土地用途，不能强迫农民土地流转。更不能着急，不能拔苗助长，不能把土地流转的快慢、土地经营规模的大小作为衡量农村改革成效的标准。

家庭农场的规模受不同地区和不同经营内容和不同技术水平的影响。在黑龙江，种粮的农民每个劳动力最多可耕种 300 亩左右；在河北省的山地一个劳动力最多可以种 20 亩的规模；菜农家庭农场的规模是 5~20 亩，而种苹果的果农认为夫妻两个劳动力最佳的经营规模是 5 亩。调查发现种粮农民普遍期待的家庭农场规模是 100 亩耕地；山西省的做法是在暂行规定中规定：家庭农场的经营规模要达到一定标准并相对稳定。比如，从事粮食生产的，小麦种植面积要在 50 亩以上，玉米、杂粮种植面积在 100 亩以上；从事养殖业的，生猪年出栏要在 500 头以上，蛋禽年存栏 1

万只以上等。

除东北地区之外，我国大部分地区的家庭农场要达到一定的经营规模，必须租赁土地。可见，土地能否顺利流转，是农业企业和家庭农场得以生存的前提条件，"十八大"三中全会提出构建新型农业经营体系、赋予农民更多财产权力、实现城乡资源要素的平等交换配置和完善城镇化政策，也明确提出开展土地经营权的抵押。近年来，一些地方通过土地经营权抵押，形成土地适度规模，培育家庭农场等经营主体，取得一定经验。土地经营权抵押担保和土地信托都是新生事物，在发展过程中，农民愿意不愿意是最关键的出发点。另外，既要看到好的一面，也要防范有风险的一面。

（四）土地流转的流程

农村土地流转交易的主要流程如下。

1. 提出申请

（1）土地流出方向的村民小组或村民委员会提出申请并填写流转申请书，内容包括：姓名、村名、面积、地名、地类、价格、期限、联系电话等，由村流转信息员向乡（镇）土地流转服务站报送。

（2）土地流入方向的乡（镇）土地流转服务站提出申请并填写土地流转申请表，内容包括姓名、单位、需求面积、地类要求、意向流转期限、拟从事经营项目、联系电话。由乡（镇）土地流转服务站办理并向县土地流转服务中心备案。

2. 审核、登记

（1）流出方土地情况审核按照"属地核实"的原则，经村民委员会和村民小组同意并办理相关手续后，进行登记。

（2）乡（镇）土地流转服务站对流入方的经营能力和经营项目进行审核后，进行登记。

3. 流转价格评估

流转土地价格由流转双方当事人协商确定，或委托乡（镇）土地流转服务站组织有关人员评估土地流转价格,作为参考依据。流转面积较大的,可由县土地流转服务中心组织专家进行评估。

4. 信息发布乡（镇）土地流转服务站

根据流转价格评估结果及土地流转双方提供的信息,在交易服务场所进行信息发布,并约请流转当事人会面,平等洽谈。

5. 自愿协商县、乡（镇）土地流转服务组织

作为管理、服务机构,协助土地流转双方依法自愿当面洽谈流转价格、期限等相关事宜。

6. 签订合同

土地流转双方协商一致,达成流转意向后,按程序签订统一文本格式的土地流转合同。

7. 鉴证、归档

土地流转合同文本一式五份,经乡（镇）鉴证。流转面积较大的应在双方自愿的基础上进行公证。合同文本流转双方各执一份,其余三份分别由村、乡（镇）、县归档备案。

此流程供参考,具体标准以当地执行为准,如图3-1所示。

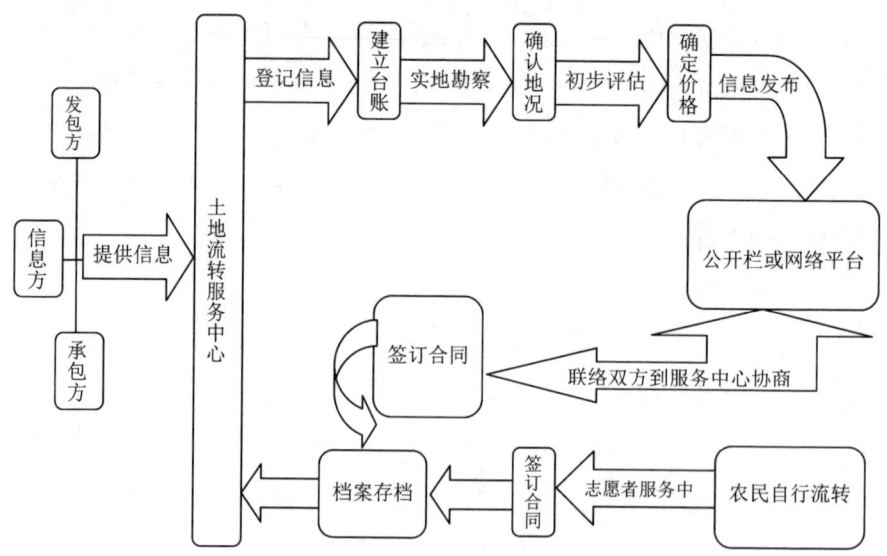

图3-1 家庭农场土地流转流程图

（五）土地流转的稳定性

作为最基本的生产资料，土地的稳定性直接影响家庭农场的投资的长效性。现在出现的问题一是自由流转，即村民与村民之间进行转包、转让、互换，不报发包方备案。在土地流转中，双方只是口头协议。二是发包方收回流转，即村民外出打工后，不提出书面申请将土地交回发包方，直接将承包地弃耕、撂荒。发包方为了完成农业税等任务，将弃耕、撂荒土地收回，重新发包给其他村民耕种。三是随其他买卖物流转，即村民离开原村民组，将房屋进行买卖后，将承包土地一同流转给房屋买受人耕种。四是强制性流转，即乡、镇人民政府为了建设公益事业，将承包土地征用，不与承包户签订征用土地合同，也不报请有批准权的行政主管部门批准。

国家惠农政策的出台，提高了农民种田的积极性。第二轮承包土地期间，农民负担较重，农民种田积极性不高，出现了弃耕、撂荒，甚至出现了农民拒绝承包土地的现象。现在国家出台很多扶持农业生产和惠农政策，促进农民增收，特别是国家对田亩实行补贴政策，有田就有钱，促进农民要田拿补贴，寸田必争的目的不是为了种田，而是为获得补贴。农民不愿意签订长时间的土地流转协议，土地流转的时期较短，家庭农场主难以在短期内收回对土地的投资。

同时受农村习俗和文化程度偏低，法律意识淡薄的影响，农村土地承包合同往往不规范、权利义务约定不明确。已经进行土地流转的家庭农场面临着时时刻刻流出农民土地流转违约的风险。另外，一些特定的地带如城郊的土地被征收的进程加快，大大提高了家庭农场主无法长时期租种土地的风险。这种风险使得家庭农场主减少甚至不会对旨在提高土壤肥力的长期性活动进行投入，如使用有机肥，秸秆还田，合理轮作等。因为进行此类活动从长远来看可以带来高效益，但短期内无法带来高效益，甚至增加产出的成本。加之土地使用的不稳定性，家庭农场主往往不愿意去冒这个风险，取而代之的是家庭农场主会因为追求短期利润而过度开发土地，如过量施用化肥,从而带来土地质量下降的后果。据报道,上海市松江区80%的农田都被外地农民承包耕种。由于承包期限太短,缺少长期稳定经营预期,外地农民把农田只是当作生产粮食的机器,求索无度,一年内"稻麦两种",为保证土壤肥力,无限量地投施化肥,造成土壤板结越来越严重[①]。

为了指导农村土地流转健康发展,政府想了很多办法。比如,乡(镇)有主管部门具体负责区域内农村土地流转的指导、管理和监督工作;为了鼓励和支持农村土地流转,还采取了按程序开展农村土地经营权的确权、登记、颁证工作,加快农村养老保险制度的建立,鼓励农民工在城市中创业就业等措施等。作者建议家庭农场采用多种模式促进土地流转,可从如下方案中选择其一:①政府提供优惠的养老保险和医疗保险,非专业农户自愿把耕地流转出来;②政府将有一定规模的农业设施(类似养殖小区),改造成适度规模和有基本配套设施的家庭农场;③管理经过培训、有资质的家庭出资购买农场经营权,缺乏资金可以通过信贷支持获得贷款,政府用出售经营权的收入来支付流转耕地人的养老保险和医疗保险,不够的金额由财政补贴。

作为家庭农场主,提高土地流转的稳定性涉及切身利益,因此,要做到以下3点。

首先,要知法、懂法、用法。家庭农场主自己要了解中办发〔1997〕16号、中发〔2001〕18号、农业部农经发〔2005〕2号、《农村土地承包法》《农村土地承包经营权流转管理办法》和《农村土地承包经营权证管理办法》等文件精神和法律法规,建立健全耕地保护和流转的长效机制,提高耕地的有效利用。

其次,要在土地流转中,采取多种形式流转土地承包经营权。土地流转的方式有转包、出租、互换、转让或者其他方式流转,扩大规模,引导流出土地的农户按照依法、自愿、有偿的原则把土地向家庭农场集中,提

---

① 臧凯波.我国家庭农场发展存在的障碍及应对策略.农业经济,2013,24(7)

高土地流转的稳定性。《农村土地承包法》中第32条明确规定，通过家庭承包取得的土地承包经营权可以依法采取转包、出租、互换、转让或者其他方式流转。

（1）转包，是指承包方将部分或全部土地承包经营权以一定期限转给同一集体经济组织的其他农户从事农业生产经营。转包后，原承包土地关系不变，原承包方继续履行原土地承包合同规定的权利和义务，接包方按转包时约定的条件对转包方负责。承包方将土地交他人代耕不足一年的除外。采取转包方式流转的，应当报发包方备案。

（2）出租，是指承包方将部分或全部土地承包经营权以一定期限租赁给他人从事农业生产经营。出租后原土地承包关系不变，原承包方继续履行原土地承包合同规定的权利和义务。承租方按出租时约定的条件对承包方负责。采取出租方式流转的，应当报发包方备案。

（3）互换，是指承包方之间为方便耕作或者各自需要，对属于同一集体经济组织的承包地块进行交换，同时交换相应的土地承包权。采取互换方式流转的，应当报发包方备案。当事人可以要求办理农村土地承包经营权变更登记手续。

土地流转要想成功进行并稳定下来，必须把承包方和受让方联系起来。土地流转作为一种市场行为，必须有供需双方，在有流转意愿的同时，以合适的市场价格和方式来促进流转。家庭农场经营者可以通过实物计租货币结算、租金动态调整、土地经营权入股保底分红等利益分配方式，稳定土地流转关系。

有流转意愿的农民必须找到合适的受让方。以规模经营为代表的专业大户、家庭农场和专业合作社是土地流转的主要受让方。这些生产经营主体的特征就是规模经营，只有实现规模经营，才能获得利润。土地流转在提供给这些生产经营主体土地的同时，也带来了问题，即生产成本，大量的流转土地意味着大量的资金。因此，家庭农场主必须统筹兼顾，不要把所有的资金都押在土地流转上，要给生产经营所需资金留有余地，同时积极申请资金补贴、争取金融支持，通过发展自我，来吸纳更多的流转土地，形成一种良性的循环，保证土地流转的供需稳定。

第三，要签订土地流转的法律文书，当事人遵循"依法、自愿、有偿"和不改变土地所有权性质和农业用途等原则下，在进行土地流转的时候要签订流转合同或相关手续，以维持农业承包合同长久不变的稳定性。

《中华人民共和国农村土地承包法》（以下简称《农村土地承包法》）第33条规定，土地承包经营权流转应当遵循以下原则：平等协商、自愿、有偿，任何组织和个人不得强迫或者阻碍土地承包权流转；不得改变土地所有权的性质和土地的农业用途；流转的期限不得超过承包期的剩余期限；受让方须有农业经营能力；在同等条件下，本集体经济组织内成员享有优先权。

《农村土地承包法》第34条规定，土地承包经营权流转的主体是承包方。承包方有权自主决定土地承包经营权是否流转和流转的方式。也就是说，土地承包经营权的流转必须建立在农户自愿的基础上，在承包期内，农户对承包的土地有自主的使用权、收益权和流转权。任何组织和个人不得强迫农户流转土地，也不得阻碍农户依法流转土地。

《农村土地承包法》第36条规定，土地承包经营权流转的转包费、租金、转让费等，应当由当事人双方协商确定。流转的收益归承包方所有，任何组织和个人不得擅自截留、扣缴。《农村土地承包法》第37条规定，土地承包经营权流转合同一般包括以下条款。

1. 双方当事人的姓名、住所；
2. 流转土地的名称、坐落、面积、质量等级；
3. 流转的期限和起止日期；
4. 流转土地的用途；
5. 双方当事人的权利和义务；
6. 流转价款及支付方式；
7. 违约责任。

链接案例 35岁农民办起"家庭农场"

"2012年,我就承包了本村部分农民手里的水田,办起了规模不太大的家庭农场,尝到了集约化生产的甜头,2013年干脆大干了一场。"5月6日,辽宁省沈阳市铁西区新民屯镇前村农民马勇向记者透露,2014年他高价从村民手里承包了1 800亩水田,如果生产经营不出差错的话,年收入可轻松获得100万元。

有头脑的精明人。

2013年,35岁的马勇是个有头脑、懂经营的精明人,养过鱼、开过车、种过地,和土地结下了不解之缘。

当大多数青年人都选择外出打工时,他却选择留了下来。2011年11月,他自筹资金280万元,办起了沈阳市勇闯粮机专业合作社。其中100万元建起了占地面积为7 000平方米、建筑面积为800平方米的专业合作社;180万元购买了一条育苗生产线、3台水稻插秧机、4台水稻收割机、3台稻田粮草捡拾机,建起了8栋日光温室水稻育苗大棚。2012年,机插秧面积达到1 700多亩、机械收割水稻面积达到4 000亩;2013年,他再投入420万元,新建日光温室大棚51栋,水田机械化育苗、插秧、收割面积达到13 000亩。

2012年,马勇在创办粮机专业合作社中发现,由于本地地处冶金工业园核心区,很多青壮年农民到企业上班,不再愿意种地。于是,他把这部分人的土地承包下来,办起了家庭农场。家庭农场分工明确,马勇负责生产,他的父亲负责后勤工作,马勇的妻子负责管理账目,同时还安排了10多名亲属在家庭农场劳动。第一年创办家庭农场的马勇就获得了大丰收,尝到了甜头。

扩大经营大干一场。

2012年秋天,粮食刚收割完,他就张罗着要扩大家庭农场,增加土地承包面积。为了吸引农民出让更多土地,2014年,他以每亩

> 现金750元、赊账880元，高出周边村200元的价格承包了1 800亩水田。
>
> 　　马勇自己算了一笔账：按照每亩地650千克的产量计算，秋天可产水稻117万千克，按照每千克2.8元的价格计算，产值可达327.6万元，平均每亩地产值可达1 820元。去掉承包地钱和生产费用，马勇说，如果生产经营不出差错的话，年收入可轻松获得100万元。
>
> 　　在阳光的照耀下，一栋栋高标准的育苗大棚闪着银色的光芒，马勇的育苗生产线上的机器设备正发出隆隆轰鸣声，大棚内几个农民都忙着水稻育苗。
>
> ——记者李莉，通讯员薛文奇.沈阳日报，2014-05-07

二、找到市场

　　在20世纪60年代，统一集团企业总裁高清愿就看到，随着国民收入的增加，食品的需求量必然会增长。因此，他果断从处于鼎盛时期的纺织业，毅然转到了完全陌生的食品业，选定了向食品工业进军的目标。统一主要是生产量大、价低、实惠的大众食品，主要有方便面、冷冻食品、奶粉、果汁、乳品、食用油、肉品、酱油等系列产品，品种在500种以上，几乎是应有尽有。统一之所以37年来能以每年35%的速度增长，成为台湾最大的综合食品企业，一个重要原因是统一一直在贯彻快速规模化策略。具体包括以下3个方面。

　　奉行跟进主义。看到市场上哪个产品好卖，统一就马上大量生产哪个产品。这样投入少，见效快，风险小，不必经历产品初上市投石问路的摸黑期，是新产品开发成功的一条捷径。比如，统一的饮料，除了麦香红茶之外，没有哪一个是自己开发出来的，都是跟进同行业的先行者。而且，一做就要做大，做第一品牌。

坚持要有突破。他们绝对不做无法突破市面上现有产品的开发工作。统一的研究费用几乎没有预算，随用随取，是台湾企业研发支出偏高的一家。比如，1995年，"白兰氏开发鸡精"投入广告费新台币2.4亿元，成功地改变了消费者的饮食习惯，营业额一举上冲达新台币15亿元，整个市场比上年增长30%。白兰氏成功之后，统一就马上跟进，从国外进口浓缩鸡精，委托正和制药代工，推出"口味好喝，没有腥味"品质更好的鸡精，依靠统一旗下通路快速上架入市。

整合上下工序。统一原材料的买进卖出，不必经过市场交易，节省了大量的广告费、投标与销售的花费、税金、包装费。单是营业税每年就可以节省1 100万美元。据台湾的一项调查证实，这种各事业部门垂直整合的经济效益高达86%。创新未必就一定要做别人没做过的事，做同一件事，只要比别人做好一点，就能大获全胜。

这个小案例中，统一集团夺取市场的"成功之道"是：奉行跟进主义、坚持要有突破、整合上下工序。市场非常重要，建立家庭农场并非像某些城市中的先富阶层去农村自娱自乐地建立"香格里拉"式的"世外桃源"，也不是"资本下乡"演出"圈地运动"，而是切实地要进入市场，通过市场交换获得可持续发展。家庭农场要获得市场的青睐，一样要"有道"。

要想成功打开市场，首先需要找到市场，市场是有需求的客户的集合。做好家庭农场，首先必须知道市场在哪里。我们传统的农产品市场，是指从20世纪70年代末改革开放以后形成的，由农产品批发市场和农贸市场为代表的传统的农产品市场。即农民生产出农产品以后，由经纪人带来的批发商来到田间地头采购。这些人采购到农产品以后，再卖到本地农产品批发市场，再转运到大城市的消费地批发市场，最后由农贸市场上的个体商贩出售给城市中的消费者。

目前，我国农产品主要通过分散的小规模农户、农产品经销商、产地批发商、销地批发商和小商贩组成的传统的渠道来组成的，如图3-2所示。

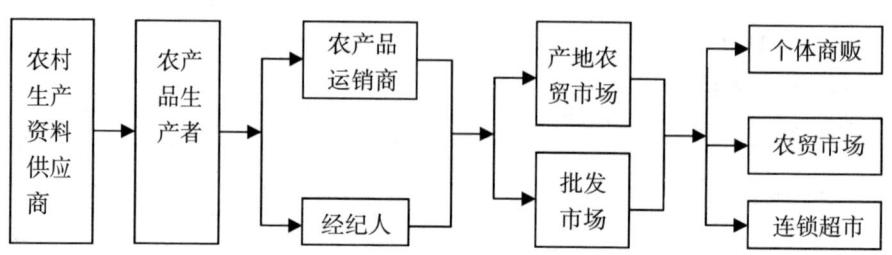

图 3-2　传统市场的农产品供应链

在图 3-2 中，我们看到活跃在农产品市场上的是很多批发商，包括产地批发商和销地批发商。产地批发商本身承担着物流商的功能，然后再把农产品批发给销地的批发商，再批发给各类农贸市场的零售商，最后才转移给最终的消费者。一般要经过 4~5 级渠道长度。过长的渠道，带来了很多的问题。首先，农产品的整个流通时间过长，这造成了很多生鲜和水果类农产品在流通的过程中变质和损耗；其次，价格差异及变化更大，从初级生产者到最终的消费者的价格差异由于流通渠道过长，差异往往非常大，甚至能达到好几倍。而且，由于渠道过长，对各级市场的价格行情变化就不能很好掌握，造成价格变化很大；最后，农产品的信息流不畅，由于渠道过长，相关利益群体过多，很多农产品的供需信息流通不畅，造成了整个渠道效率不高。这个市场一般就是比拼的是价格，农产品生产者获得的采购价也比较低，我们称之为"传统市场"。

而所谓的"新型农产品市场"是指随着消费者对安全、优质农产品需求的发展，连锁经营方式的推动，而形成的潜力巨大的新型农产品市场；新型农产品市场的基本特征是：营销主体规模化、组织化；交易方式现代化；高效率的物流配送系统；以连锁经营为主体的销售业态；交易行为与市场秩序规范化。

连锁经营指的是，把社会化大生产高度专业化分工的原理引入商业经营领域，把若干单独店铺经营的一些职能加以分离，使商品采购、仓储、陈列、财务等业务环节都由专业部门统一负责，使各店铺可以专心致志地搞好销售、服务。连锁经营方式既适应了各零售商店分散性和规模小的特点，又提高了各店铺的经营管理水平，特别是通过集中采购的方式扩大了采购数量，降低采购成本，从而提高了经济效益。目前，在我国连锁经营中规模排在前列的有连锁超市、连锁餐饮业、连锁团膳业。这3个连锁被称为"新型农产品市场"。

（一）新型农产品市场

进入新世纪，2001年中国城镇居民人均可支配收入达到6 860元，具备了连锁企业向大规模和国际化方向发展所要求的社会购买力环境和条件。超市发展不仅带来零售业的变革，改变了消费者的消费行为和消费意识，也打破了传统的农产品流通和生产方式。按照连锁经营协会的统计数据，2001—2011年连锁百强企业中超市的销售额及门店数增长速度分别达到118.37%和68.16%。2012年连锁百强销售规模1.87万亿元，同比增长10.8%，百强企业销售额占社会消费品零售总额的9.3%。

连锁餐饮业也是一个非常庞大而且极具发展潜力的市场，比如我们耳熟能详的百胜餐饮集团、美心食品、内蒙古小肥羊、湘鄂情、海底捞、上海锦江国际酒店等都是连锁餐饮公司。

团膳是团体用膳（团体供餐）的简称，是为群体客人提供餐饮服务，但其服务的对象消费不是店堂为主，而是以团体形式和上门服务为主，在制作和销售上也是以批量的形式进行的，作为经营团膳的企包括大学、机关、商务食堂在内的连锁团体供餐送餐的销售总金额也已经超过3 000亿元。

（二）家庭农场如何进行"农超对接"

在新型农产品市场中，超市是一个非常具有潜力的市场渠道，这就是我们所讲的"农超对接"（图3-3）。在发达国家，农产品通过超市的销售比例超过70%。2008年12月，商务部推行了农产品"农超对接"项目，即大型连锁超市、农产品流通企业与农产品专业合作社对接。2009年，中央"一号"文件提出，"支持大型连锁超市和农产品流通企业开

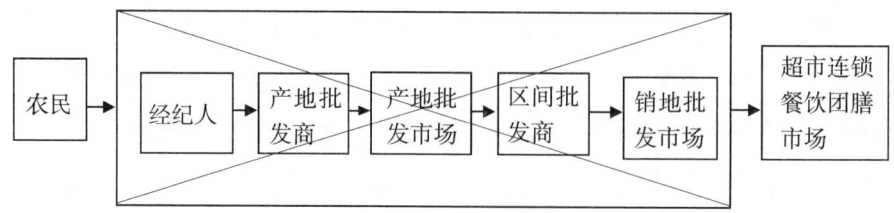

图 3-3 "农超对接"缩短农产品供应链

展农超对接"。到 2012 年，试点企业鲜活农产品产地直接采购比例达到 50% 以上。近年来，越来越多的超市开始采用"农超对接"的采购模式。2007 年，我国仅有 9 家超市参加农超对接，到 2011 年已有 2 000 多家超市采纳这种模式，有 14 000 多家农民专业合作社同超市建立直销关系。以超市为代表的商业业态，代表着市场经济先进的发展方向。我们的农业要现代化，就必须融入现代商业，实现真正的对接。但是，好事不一定好办，超市经营农产品，下面几条是非常必要的条件。

一是必须上规模、品种全。如果规模很小、品种单一，超市卖两天没了，或者总卖一个品种怎么行，那就把上门的客人赶跑了。

二是上标准、上质量。超市卖东西，讲究的标准，不能一次一个样，每次不一样，必须有标准，而且提供的农产品质量始终如一。这方面，基本的国家标准已经做出了规定，就是"三品一标"（无公害农产品、绿色食品、有机农产品和地理标志农产品）。在标准质量上，从选品种到使用化肥农药，从采摘分级到包装贮运，再也不能随心所欲了，一定要有标准化规范化运作，这样才能符合超市的要求。除了"三品一标"，还要建立企业标准，比如产品分级标准（大小、颜色、允许瑕疵、成熟度）、包装规范等。

三是最好有农场自己的品牌。"农超对接"进入超市不是一劳永逸，在越来越多的农产品实现"农超对接"后，品牌竞争又将成为竞争的主要着力点。甚至还可以引进超市向农业产业上游投资，比如将田间发展成为超市自有品牌产品的直供基地。一方面超市有了自己的稳定的供货基地，另一方面又可以找到稳定的市场。

超市一般倾向于与大的家庭农场和专业合作社合作，因为中国农业生产环节仍以一家一户的分散生产为主,组织化水平较低,其产品具有单一性、季节性、产量大等特点,而超市需要的则是多品种、连续性的产品。"农超对接"不仅需要生产的规模化以保证超市无断档脱销,还要实现标准化以满足门店销售的要求。目前,实行"农超对接"的超市大都与有生产基地的合作社联营,以此保证蔬菜的品质和稳定的供应。"农超对接"从根本上解决的是一家一户分散的生产如何与越来越占主流的现代化商业流通业态相结合的问题,如果家庭农场的经营规模小,产量和品种有限,产品质量标准参差不齐,管理理念和水平低,与超市的要求不在一个层级上。不"对等"如何谈到能"对接",所以在当前在市场经济条件下,合作不是一方对一方的怜悯,只有对等互利的合作才能持久。

因此,家庭农场要进入包括超市在内的现代市场,必须扩大规模,有条件的地方组建农民专业合作社,抱团打天下。

链接案例　家庭农场,流转了土地,却没转动市场

山东省邹平县刘颜玲通过土地流转雄心勃勃地包下村里300多亩地,办起了家庭农场,但两年多来她已经赔了上百万元。自然灾害、技术门槛、资金难题、市场困境,都成了她面前的拦路虎。在全省乃至全国鼓励发展家庭农场的大背景下,刘颜玲们面临的瓶颈亟待解决。

7月底的一个下午,邹平县明集镇六田村醴泉农场里,农场主刘颜玲刚搁下不久的电话又响了。河北一个客户想进一批蔬菜,有啥要啥。可是,经过连日阴雨,农场60个大棚里还积着没脚脖的水,青椒基本"全军"覆没,只有几个大棚的茄子还能收获一些,但日采摘量也大大降低,根本凑不齐一车蔬菜,刘颜玲只好婉言谢绝了客户。挂断了电话,刘颜玲一刻也没有歇着,谢绝了远方的客户,她还得为自己的蔬菜在家门口找个"归宿"。超市、饭店、菜贩,一通电话打完半个下午就过去了。而类似的忙碌从每天一早就开始了。

刘颜玲以每亩地每年1 500元的价格，承包了村里300多亩地，又从邻近的西左村租到40亩地，创办了一个占地360亩的农场，取名"山东醴泉生态农业有限公司"。农场建成了60个蔬菜大棚种植蔬菜，一个养殖园养殖家禽，还引进了沼气杀虫灯、黏虫板等设备，在院内设置了扩音喇叭、监控摄像头、路灯，雇用了4名技术员、30多名村民。刘颜玲规划，农场在未来还要建一个蔬菜交易基地、3个养鱼池塘，要把农场打造成一个集观光旅游、有机蔬菜种植交易为一体的综合基地。

承包土地没有难住刘颜玲，办农场修理蔬菜大棚却让她实实在在地作了大难。"第一个难处就是技术问题，种地不难，但种好地太难了，而我俩基本都是外行。"

种植大棚蔬菜本来就是个难题，刘颜玲还想发展有机种植，"我们不用化肥，施肥全用牛粪猪粪等土大粪，除虫就用杀虫灯和黏虫板，少用甚至不用哪怕是低毒的农药。"这样更是加大了技术难度。

刘颜玲请来帮忙打理农场的，除了附近村的村民，大多是亲朋好友。对于种地他们并不陌生，但蔬菜大棚、绿色有机农业却是个新鲜事物，各种新兴的农业机械更是难摸门道。农场购置的一台"食品安全检测仪"因为无人会用，至今还放在办公室里没有拆封。

而看不到的困难更可怕——农场面临蔬菜卖不出去的尴尬。59岁的村民邓建胜说，刘颜玲农场外的沟里和空地里扔满了茄子，"卖不出去，都倒掉了，我们看着都觉得可惜。"

刘颜玲也说，市场是个大问题，有时"我看到自己种出来的蔬菜不是喜悦，而是难受。"虽然有西红柿、青椒、茄子、黄瓜4样蔬菜获得了绿色食品认证，但由于蔬菜品相不大好，消费者对农场的蔬菜并不感兴趣，"产量比普通种植方法低1/3，价格跟普通菜一个价还是卖不出去。"

经营农场两年多的时间，刘颜玲已经赔了100多万元，"要不是我爱人开着驾校，农场早就办不下去了，现在就是用驾校养着农场。"

——张泰来．中国新闻网，2013-08-12

三、注册商标

（一）什么是注册商标？

如果某个家庭农场的产品质量可靠、特色鲜明，有可能受到消费者欢迎。要想在竞争激烈的市场中脱颖而出，还需要用市场营销的理念，主动出击，改变农场经营的环境，影响消费者的需求。毫无疑问，打开并且站稳一个市场需要"殚精竭虑"、投入不菲。可是一旦自己历经千辛万苦打造出来的一个好产品，被市场上的"李鬼"冒用，就会追悔莫及。所以，家庭农场应该对自己农场的产品进行商标注册，用法律手段保护自己的权益。所谓"商标"，是生产经营者在其生产、制造、加工、拣选或者经销的商品或服务上采用的、区别商品或服务来源的、由文字、图形或者其组合构成的、具有显著特征的标志。

首先注册商标有识别功能。商标最主要的作用是把不同生产者（经营者）相同或相类似的商品或者服务区别开来，能够让消费者比较、认识、挑选，生产者也可以依据品牌进行权益的保护。其次有促销功能，如果消费者建立了对某个农场的品牌的忠诚度，还可以实现"认牌"重复购买。再次具有广告功能，商标从注册到颁发证书，这一过程本身就是对产品很好的宣传过程；注册商标、保护商标的过程可以促进生产者不断提高质量，提高竞争力，争创名牌、驰名商标，占有较大的市场，获取较高的利润。如果产品的质量经得起检验的话，那么商标形成了品牌，就成为一种无形资产。

可以注册的商标的可能性几乎是无限的。一个注册商标可以是文字、字母和数字，或文字、字母和数字的组合。构成商标的可以是图形、颜色、符号、立体标记（例如商品的形状和包装）、甚至音乐声、香味或用作区别性特征的颜色也可以注册成为商标。

（二）名号与商标

在市场激烈的今天，"酒香不怕巷子深"已经成为一个"传说"，没有一个朗朗上口、好读好记的名字，产品销售"行之不远"，如表3-1所示。

表 3-1　家庭农场的注册名号和品牌名称表

品牌来源	家庭农场名称	产品品牌	产品类型	所在地区
农场或农场主名称	燕红家庭农场	红燕	葡萄	浙江省江山市江郎山风景区
	明美农场	明美	蔬菜瓜果	浙江省宁波市慈溪市桥头镇
	宏亮农场	陆青	蔬菜、粮油作物	浙江省嘉兴市海盐县于城镇三联村
	姜爱芬家庭农场	姜爱芬	小麦、水稻	江苏省镇江市丹阳市吕城镇河南村
	汤大伯家庭农场	汤大伯	植物粮油	江苏省常州市溧阳市社渚镇梅山村
	蔚玲家庭农场	蔚玲	果蔬	浙江省江山市
村庄名称	聚凤源家庭农场	聚凤源	果苗	厦门市翔安区
	群沃农场	群沃	鲜奶	山东省淄博市临淄区齐都镇
	宏亮农场	陆青	蔬菜、粮油作物	浙江省嘉兴市海盐县于城镇三联村
	田娘农场	田娘	大米	江苏省苏州市常熟市
联想暗示型	聚凤源家庭农场	聚凤源	果苗	厦门市翔安区
	群沃农场	群沃	鲜奶	山东省淄博市临淄区齐都镇
	宏亮农场	陆青	蔬菜、粮油作物	浙江省嘉兴市海盐县于城镇三联村
	田娘农场	田娘	大米	江苏省苏州市常熟市
	禾丰种植业家庭农场	旺博	有机大米	吉林省长春市九台市
	绿野鲜宗	绿野鲜宗	蔬菜、家禽	广东省河源市连平县
	林海花田家庭农场	林海花田	综合性农业生态园	山东省临沂市沂南县苏村镇戈家庄村
	龙潭家庭农场	逍遥龙庄	无公害猕猴桃、五彩番茄、礼品西瓜、有机蔬菜	山东省滕州市枣庄市月亮湾湿地
	瑶坪生态家庭农场	瑶坪庄园	观光采摘果蔬	福建省三明市泰宁县杉城镇长兴村
	百卉农场	镇蜜	西瓜	浙江省宁波市镇海区
	本味园家庭农场	本味浓馨	粮食、苗圃、果园	山东省青岛市即墨市

资料来源：作者整理

（三）注册商标的流程

注册商标的行政主管部门是工商管理部门商标局。《中华人民共和国商标法》（以下称《商标法》）第2条规定，国务院工商行政管理部门商标局主管全国商标注册和管理工作。注册商标的申请主体有：自然人、法人和其他组织。《商标法》第4条规定，自然人、法人或其他组织对其生产、制造、加工、拣选或者经销的商品，需要取得商标专用权的应当向商标局申请商标注册。所以家庭农场应该向当地工商管理部门的商标局注册自己的商标。

注册的程序是到当地商标局注册大厅办理，也可以委托商标代理机构办理。申请所需资料主要是商标图样，注册商标所要使用的商品或服务范围，还有身份证明文件。

申请注册商标的程序：首先对商标进行查询，如果在先没有相同或近似的，就可以制作申请文件，递交申请了；申请递交后1个月左右，10个工作日商标局会下发一个申请受理通知书（这个期间叫形式审查阶段）。形式审查完毕后，就进入实质审查阶段，这个阶段大概需1年。如果实质审查合格，就进入公告程序（这个期间是3个月，也叫异议期间）；当公告期满，无人提异议的。就可以拿注册证了。

办理商标注册，从商标设计查询公告到正式使用，其程序复杂，要求高。如果家庭农场要进行地理标识注册证明商标，还要求其产品必须具有独特的品质，相对于其他商标的注册准入门槛更高。因此，政府必要的支持是家庭农场顺利注册并管理好商标所不可或缺的要素。

家庭农场除了将商标运用到产品中之外，也应该探索商标的创新使用，通过现在流行的农家乐、周末农场、乡村体验游来发挥家庭农场商标的作用。再比如，在运营"农场体验"时，将商标嵌入整个过程之中，使消费者产生对其品牌的认可，将体验不仅仅变成一种一次性游玩的项目，也变成自身商标和品牌产品的推介，辅之以农产品直销，直接走进消费者家中。

工商部门组织一些有能力的家庭农场联合起来，通过自有商标农产品直接配送的方式,将传统农产品进入市场的情况改变成品牌农产品直接配送,赋予商标更高的附加值,赋予企业运营更大的活力。

总之,应该积极引导家庭农场品牌化经营,进一步打造优质农业品牌,增强市场竞争能力,努力形成"一场一标"。

链接案例　**章太炎女儿的名字**

历史上国学大师章太炎先生学识渊博。他是专门从事中国传统语言文字学研究的,在给自己的三个女儿起名时,他从浩如烟海的古籍中找了三个生僻至极的、就连当时的学界名流也叫不出的字,分别给三个女儿起名——

"章LI、章ZHUO、章ZHAN"。

$\text{lǐ}\quad \text{zhuó}\quad \text{zhǎn}$

㸚　叕　㻞

并且宣称,娶他女儿的男孩子要达到的最基本的条件是,得认识他女儿的名字,否则免谈。结果,三个女儿老大不小了,上门提亲者却左等不来,右等还是不来。三个女儿成人后,都才识不凡、如花似玉,但迟迟无媒人来提亲。原来这几个字很多人都不认识,媒人们怕读错了字丢脸。章太炎知道后,不得不专门召开"新闻发布会",解释自己女儿的名字,并大摆宴席邀请亲朋好友。在席间无意中说出自己给三个女儿起名的意义和读音:四个"工"其实就是"展"的古字,段玉裁注《说文》曰"工为巧,故四工为极巧"……并取消那些苛刻的嫁女标准。从上面的案例可见,名字生僻,连章太炎先生的女儿都"养在深闺人未识"。

——佚名

四、对家庭农场的产品进行包装

(一)农产品包装的重要性

长期以来,农产品包装水平落后在我国是普遍现象。有统计表明,我国农产品深加工的能力较差,农产品经过加工成为食品成品的仅占总产量的2%~30%(发达国家占15%~70%),我国消费食品仍以未加工的资源性原料为主,约占60%(发达国家占10%左右)[①]。

一般家庭农场主并不重视包装。多数农产品的包装只停留在简单实用的低水平上,很少考虑到包装设计在品牌建设中能起到的重要作用。劣质的包装设计不能形成品牌效应,更不用说是打造名牌农产品。造成这种局面的原因是多方面的,大宗农产品仍然沿用比较传统的包装。这也无可厚非,因为这些产品进入消费者手中时,还会进行销售包装,比如使用透明包装、小包装,还要使用经销商自己的品牌。一方面与大宗农产品供应商无法进入销售渠道有关,也与农产品生产者的品牌意识不强有关。

我国农产品的经营者主要以小规模农户为主,缺乏企业成体系的经营实体和经验,品牌意识淡薄,所以对包装不够重视。现在,我们建设的家庭农场往往会生产有地区特色、特殊加工工艺、特殊生产环境的优质农产品,非常有希望直接进入销量大、价格高的现代流通渠道。而要进入超市、便利店、农副产品特产店都需要进行特别的包装,便于销售者销售,吸引消费者。

商品包装有两种:其一是运输包装。运输包装所起到的作用是保护农产品在运输和储藏的过程中,产品不致损坏、散失、被污染和变质,便于运输、携带和储存,同时也便于农产品销售者进行分级销售;其二是被我们称之为促销包装或销售包装,这是我们需要非常注重的包装。比如在商品琳琅满目的超市里,消费者对每个产品的关注时间非常短暂,必须抓住消费者的眼光从货架扫过的瞬间。这个过程,只有包装能够充当"无声的

---

① 张文斌. 我国出口食品农产品包装问题初探. 上海农村经济,2006(5)

推销员"。一个好的农产品包装不仅能够综合利用颜色、造型、材料等元素保护商品,同时要表现出产品、品牌、厂址等企业信息,突出了产品给消费者带来的功能属性和利益,促进销售。所以说产品的包装首先是表现出销售力,承担着吸引消费者的主要功能。蒙牛液体奶利乐枕产品箱上的一个"提手"设计,让消费者方便购买、携带和保存,生鲜农产品更是需要精心设计的包装,尤其是切好了的产品,如鲜肉类、菌类、鲜辣椒、水果和去皮蒜瓣等都可以放置在方形的黑色泡沫塑料盘子上,用保鲜膜包装好,贴上价格标签。葱、半颗花菜、切好的冬瓜、西瓜、半颗卷心菜都可以直接用保鲜膜包装,贴上价格标签。

(二)农产品包装设计系列化

家庭农场的产品包装要想有特色,必须统一进行整体的策划、定位。这就需要农场对自己不同种类的产品采用大体形象统一而局部又有变化的包装设计。我们将其称之为农场产品系列化包装,即在形式上具有产品统一性,再根据不同产品的特性,在特定的位置进行调整,使其具有该产品的个性,这样可以保持农产品的视觉形象的统一。统一的包装策略是整合品牌营销传播的一个重要体现,所以根据家庭农场的营销理念、地域文化进行的产品包装形象设计就成为家庭农场整合企业形象的重要步骤,而这正是品牌建立的前提。

很多农产品都可以实现礼品化。家庭农场如果通过对农产品的包装与贴牌,把本地生产的特色农产品包装成消费时尚的礼品包装,特别是水产、水果、粮、油、蛋等,可以发现包装会有"点石成金"的效果。

(三)通过包装实现质量可追溯化

如果有可能,通过包装上的信息还可以起到产品可追溯的作用。一些农产品按照有关规定和标准应当包装或者附加标志的,须经包装或者附加标志后方可销售。包装物或者标志上应当按照规定表明产品的品名、产地、生产者、生产日期、保质期、产品质量等级、主要成分等内容。这也是产品可追溯体系的重要内容。食品可追溯体系的必要性在于可以为消费者提供产地、生产方式、生产者名称、地址等，还包括产品由产到销的全部过程。对种植业产品来说，可追溯体系主要包括在生产过程记录和包装标志两个方面。生产过程记录包括种子、农药、肥料、灌溉水的用法、用量、使用、停用的日期，以及产品收获的日期等；包装标志记录按照有关规定和标准应当包装或者附加标志的，包装物或者标志上应当按照规定标明产品的品名、产地、生产者、生产日期、保质期、产品质量等级、主要成分等。

比如，无公害农产品、绿色食品以及生态食品这样的农产品质量标准，生产者可以申请使用相应的农产品质量标志。

（四）通过包装实现特色化

当前，消费者对农产品的需求产生了巨大的变化，他们不仅要求农产品好吃，还要求农产品好看。所以，作为生产者，不仅要调整种植习惯、变出一些新花样来迎合消费时尚，还需要某些农产品有一定的特殊背景，如历史与地理背景、人文习俗背景、神话传说或自然景观背景等，如淮安蒲菜、钦工肉元和文楼汤包。家庭农场的包装设计中恰如其分地运用这些特殊要素，能有效地区别同类产品，同时使消费者将产品与其背景进行有效连接，迅速建立概念。

普通的农产品如果同节日等具有意义的卖点结合起来，也能起到出奇制胜的效果。有一年元旦，某大学门口一位老太太守着两大筐大苹果叫卖，天很冷，买苹果的人很少。恰好开完市场营销讲座的一位教授路过此地，就上前与老妇商量几句，然后走到附近商店买来节日织花用的红彩带，并与老太太一起将苹果两两一扎，接着高叫道："情侣苹果，两元一对！"经过的情侣们都觉得新鲜，用红彩带扎在一起的一对苹果看起来的确很有情趣，因而很多人都买，不一会儿苹果全部卖光了。此外，在苹果上贴上吉祥字语或图案以及给西瓜套上方形玻璃柜来生产方形西瓜等方式，都能提高农产品的附加值。

> **链接案例** 买椟还珠
>
> 《韩非子·外储说左上》记载着一则"买椟还珠"的故事：一个郑国人从楚国商人那里买到一只有外饰漂亮木盒的珍珠，竟然将盒子留下，而将珍珠还给了楚国商人。从某种意义上来讲，正是"精椟配美珠"神奇的包装效果，招徕顾客，成功地引起消费者关注，并使之有了购买的冲动，假如这个珍珠被放在一个破纸包中，珍珠再珍贵，相信也不会有人问津。在日益激烈的市场竞争中，好的商品包装，往往就是"无声的推销员"，帮助营销者顺利将价值传递给消费者。
>
> ——佚名

五、如何对家庭农场的产品进行定价

（一）农产品定价

自古以来，商家皆谋三分利。很多家庭农场在销售农产品时，总是认为价格制定非常容易，在成本上加上一定的利润就是价格了。其实价格这个因素是最为灵活，也是最不需要付出成本就可以带来收益的营销因素。仔细研究定价的学问，包括经济学和心理学的定价策略，会使家庭农场的产品销的更好。这里，我们可以讲一个故事，休布雷公司在美国伏特加酒市场上，属于营销出色的公司，它所生产的史密诺夫酒，在伏特加酒的市场上占有率达23%。20世纪60年代，另一家公司推出一种新型伏特加酒，其质量不比史密诺夫酒低，每瓶价格却比它低1美元。按照惯例，休布雷公司的面前有3条对策可用：第一，降价1美元，以保证市场占有率；第二，维持原价，通过增加广告和推销支出来与竞争对手争夺市场；第三，维持原价，听任其市场占有率降低。由此看出，不论该公司采取上述哪种策略，休布雷公司似乎输定了。但是，该公司的市场营销人员经过深思熟虑后却采取了对方意想不到的第四种策略，就是将史密诺夫酒的价格提高1美元，同时推出一种与竞争对手新伏特加酒价格一样的端色加酒和另一种价格更低的波波酒。这一产品线策略，一方面提高了史密诺夫酒的地位，同时使竞争对手的新产品沦为一种普通的品牌。结果，休布雷不仅渡过了难关，而且利润大增。仅仅使用了出其不意的价格策略，就使得竞争对手败下阵来，这就是价格策略的魅力。

农产品价格与其他产品不同。对于大宗农产品，国家要确保供给的数量有保障，而且价格比较平稳。比如，小麦、玉米、稻米受到国家宏观调控，并没有完全市场化决定价格，保护价收购、良种补贴等都会影响价格。产品的利润不可避免地要受到国家宏观调控的影响，这是一个不可忽视的重要因素。

家庭农场给自己农场生产的农产品定价直接关系到农场生产经营者的收益水平。农产品价格制定的恰当，会促进农产品的销售，提高家庭农场的盈利；反之，会制约需求，降低收益。

（二）农产品定价的依据

1. 产品成本

农产品定价主要考虑三大因素，产品的成本，成本是定价的下限，价格必须能够补偿产品生产及市场营销的所有支出，并补偿农场为其所承担的风险支出。其形式主要有：生产成本、销售费用、储运费用、促销费用等。随着农产品生产交易量的加大，就会为降低产品的成本创造条件，从而增加获利空间。

在成本中，家庭农场需要考虑一个重要的容易被忽视的因素是人工成本。许多家庭农场能做的事，企业不一定能做，因为家庭成员不计算工资，挣多挣少都是自己的。好多竞争性农业产业的利润率在去除人工费以前，看上去非常高，但是，一旦将人工成本计算进来，就不划算了。比如，肉牛产业，市场牛肉价格那么高，但却少有企业问津，根本的原因还养牛周期太长,一般得两年以上,企业养殖需要付出很高的人工成本。家庭农场却可以养,场地不用建,草料容易获得,人力成本也很低,最终利润还不错。

当前,市场上节节上涨的苹果价格也与人工费用上涨有关,现在疏花、疏果、套袋、除袋、采摘等环节,人工费一天就上百元;还有平常的施肥、喷药,都需要人工。像蔬菜、水果这类劳动密集型产业,不计算好人工费,利润肯定大打折扣。

2. 因素市场需求

农产品的成本决定了价格的底线,而消费者的需求则是制定价格的"天花板"。顾客通过将企业所收取的价格和购买产品所带来的可感知价值或利益进行比较,从而得出该产品是否优劣,自己是否购买的结论。任何一个地方进行农产品生产和营销都应根据本地气候、资源、区位、市场和消费群体来确定价格。家庭农场定价不仅要考虑弥补成本,更重要的是要捕捉顾客心目中的可感知的价值。现在不少居民家庭喜欢新奇特的产品,家庭农场可以掌握瓜菜等农产品旺季和淡季价格差异的客观规律,尽量积极发展早熟或反季节品种,制造"时间差",使产品上市时间提前或推迟,适时卖上好价钱。也有不少家庭崇尚"绿色消费",争着购买农户自产猪肉、自产蔬菜,即使价格高一些也能接受。家庭农场如果能让顾客充分地认识到自家的农产品能带来的价值,当顾客关心这种价值胜过计较价格的时候,农场就可以把价格定得较高一些。

3. 市场竞争状况

家庭农场在作价格决策时,需要考虑竞争者的成本、价格及对自身价格变动可能做出的反应。农产品往往处于一个完全竞争的状态,种类、品相和效用相似,想制定一个价格而高于现行价格,将不会吸引太多购买者。如果能够将自家的产品和品牌打造得具有特色,同竞争品相比有较大的差异,市场存在适度竞争,则对产品定高价可以获得成功。原因在于,消费者会认为其所供应的产品与众不同,有独特性。

为农产品制定一个既能为消费者接受,又符合经营者利益的价格,不是一件容易的事。只有站在整体的角度,考虑各方面因素,才能制定出具有一定市场竞争力,为各方所接受的价格。

(三)农产品定价的目标

农产品定价目标就是经营者通过给农产品定价要达到的主要目的,它是确定定价策略和定价方法的依据。

1. 以维持生存为目标

在激烈的市场竞争中,如果经营者将维持生存作为自己的主要目标,价格只要能弥补变动成本和部分固定成本,经营者就能维持生存。

2. 以利润最大化为目标

许多农场主喜欢制定高价格来快速取得市场利润,但这应该是在经营者推出新产品的时候,而且应该是一个能够让消费者感到物有所值的价格。

3. 以销售增长率最大化为目标

销售增长率是指企业本年销售增长额与上年销售额之间的比率,反映销售的增减变动情况。即:

销售增长率=(本年销售额-上年销售额)/上年销售额

一般情况下,销售额越大,单位成本就越低,经营者所获利润也就越高。以此为目标的经营者一般采取低价格抢占市场,依靠扩大销售达到总的盈利目的。

4. 以产品高质高价为目标

我国居民的温饱问题解决以后,消费者更为重视农产品的安全、口感、健康和环保。一些著名农业企业生产的无公害农产品、绿色农产品、有机农产品等,其质量过硬,安全有保障,价格也比一般产品定的高,但对消费者仍有巨大的吸引力。

5. 以市场份额为目标

在竞争性市场上,经营者用保持和增加市场份额作为定价目标,稳定占有某种(或多种)农产品一定量的市场份额,获得绝对的市场定价权,可长久占有市场份额收益。

6. 以适应竞争为目标

大多数农产品经营者对于竞争者的价格都十分敏感，定价之前要广泛收集资料，将产品品质、规格与竞争者类似产品认真比较，并主要以对市场有决定性影响的竞争者的价格作为定价基础。

7. 以稳定价格为目标

在市场竞争和供求关系比较正常的情况下，为了避免不必要的价格竞争，保持生产的稳定，以求稳固地占领市场，常常采取保持价格稳定为目标的定价策略。

（四）农产品定价的策略

农产品定价策略是在定价目标的指导下，根据农产品特征和市场条件，综合考虑影响价格的各种相关因素，运用具体的定价方法，对农产品价格进行决策。常用的定价策略有以下几种。

1. 渗透定价策略

渗透定价策略的适用范围是：产品进入市场；产品市场规模大，市场竞争性较强；产品需求弹性较大，消费者对产品价格反应敏感的市场。

农产品的同一个品种具有较大的同质性，因此经营者往往采取低价来吸引众多消费者。其理论根据是市场上存在一大群普通消费者，他们的购买行为相当理智，希望支付较低的价格来获得较高的满足。所谓低价，是相对于产品品种和服务水平而言的。这种策略的优势在于：低价低利能够有效地阻止竞争者加入，产品能较长时间地占领市场。这种策略主要包括以下3种。

（1）高质中价定位。一般农产品差别不是很大，价格太高消费者会嫌贵，价格太低消费者会产生怀疑心理，因此这种定价方法比较保险。家庭农场的经营者提供优质的产品和服务，但价格却定在中等水平上，把农产品价格保持在同行业平均价格水平上，以价格的优势吸引众多的消费者，使消费者感到中等的价格获得高品质消费。

（2）中质低价定位。指家庭农场以较低的价格，向消费者提供符合一般标准的产品和服务，使顾客以较低的价格，获得信得过的产品。这一目标市场的顾客群对价格敏感，但又不希望质量过于低劣。

（3）低质低价定位。产品没有质量优势，唯一有的是价格优势。这一策略主要迎合一些低收入阶层。

2. 撇脂定价策略

撇脂的意思是从牛奶表面逐层撇取奶脂，撇脂定价是指新产品进入市场后经营者有意识地把产品价格定得大大高于成本，使其能在短时间内把开发新产品的投资和预定的利润迅速收回。这一策略的实施往往配合以强大的宣传攻势，比如，高价农产品可以包装成礼品，突出显示消费者的地位和财富。

3. 尾数定价策略

农产品的消费者往往认为尾数价格是经过精密计算的，因而产生一种真实感、信任感、便宜感。如 1 000 克鸡蛋标价 5.90 元，比标价 6.00 元更能吸引顾客。现在用得尾数比较多的还有 8，取"发财"中"发"的谐音。

对于大众化、没有经过加工的一般农产品，尤其是自家消费的农产品，消费者一般存在实惠心理，500 克蔬菜定价 0.9 元，远比定价 1 元要吸引人，所以这类农产品定价最好不要超过整数，1.8 元、1.9 元比定价 2 元要好卖得多。对于粗加工农产品，消费者存在"一分价钱一分货"心理。

4. 整数定价策略

根据消费者自尊心理的需要，对于作为送礼用途的农产品价格要适当高一些，采取整数定价。因为价格太低，消费者会认为拿不出手，但价格太高，消费者会认为不值得，将寻找其他礼品替代。例如，一盒人参礼品如果定价为 59 元，就不如定价 60 元为好。因为顾客心理感觉 59 元只是 50 多元，没有超过 60 元，心理上得不到满足，不易引起购买动机。

5. 分档定价策略

分档定价就是根据不同顾客、不同时间和不同场所，在经营不同牌号、不同花色和规格的同类产品时,不是一种商品一个价格,而是把商品分为几个档次,每一档次定一个价格。分档定价的形式有以下几种:如把同为红富士品种的苹果按照大小分成不同的等级,每个等级确定一个价格;出售猪肉时,根据不同部位确定不同的价格。按时间分档定价,比如在日本一些大的超市里鲜鸡蛋早上和晚上的价格不同。

6. 折扣定价策略

折扣定价策略指经营者在顾客购买商品达到一定数量或金额时予以价格折扣。比如农场主为了鼓励顾客多购买,达到一定数量(或金额)时给予某种程度的折扣。或者如果农产品买方以现金付款或者提前付款,可以得到原定价格一定折扣的优惠。

7. 地区定价策略

地区定价策略,就是把产品卖给不同地区的顾客时,决定是否实行地区差价。地区定价策略的关键是如何灵活对待运输、保险等费用,是否将这些费用包含在价格中。因为在农产品定价中运费和保险费是一项很重要的因素,特别是运费和保险费占成本比例较大时更应该重视。

8. 形象定价

把农产品包装好作为礼品赠送越来越成为一种时尚,绿壳鸡蛋、散养柴鸡、彩色甘薯、有机蔬菜配上乡土气息浓郁的包装正走俏礼品市场。正如一枝枝鲜花,单独销售可能不太值钱,但是,把它装进透明好看的花瓶里,视觉上会给人带来愉悦的享受,因此,鲜花伴随着花瓶一起出售,价位就会稍微偏高,顾客购买欲望也愈加强烈。因此把特色鲜明、老少皆宜的农产品(食品)作为礼品销售,制定的价格可以与时尚礼品相提并论。

(五)农产品定价的程序

在选择合适的定价目标后,需要对农产品市场需求、成本、市场价格进行测定,然后确定最终价格。

1. 测定市场需求

主要测定目标市场上消费者对拟投放市场的农产品价格的主观评价,

不同营销变量组合对应的农产品需求量,不同价格条件下农产品的需求量和需求价格弹性,为后续定价的顺利进行提供依据。

2. 测算成本

根据成本类型,分析不同生产条件下生产成本的变化,估算不同营销组合下的农产品成本,以此作为定价的依据之一。

3. 分析竞争者的产品与价格

通过调查顾客对市场上竞争者销售的农产品的态度、价格等办法了解这些情况。重点调查分析同一产品,竞争者的产品质量、价格水平、可能做出的反应、替代产品的生产等有关情况。

4. 选择定价方法,确定最终价格

获取上述资料后,产品价格区间就基本上可确定下来。产品成本决定了产品价格的底线,竞争者的价格和代用品的价格以及自己产品所独有的特色为估算其最高价提供了依据。产品价格上下限区间确定后,还需参考营销组合的其他因素,并且查考价格水平是否符合国家有关的政策法规,以及对自身市场经营的影响,在此基础上最终确定价格。农产品价格制定一般使用薄利多销策略;在生鲜农产品进入市场的时候,按照产品生命周期制定阶段定价策略,如果进入大宗农产品市场时,宜采取随行就市的定价策略,也就是"随大流"的定价方法。

链接案例 **天天平价:零售巨头的成功密码**

在国外,去过沃尔玛超市的人都知道,只要是在沃尔玛购物的人,手上都有一张消费凭据,上面印有"We sell for less always"的英文字样,意思就是"天天平价,始终如一"。不错,这就是沃尔玛公司驰骋全球零售业的营销战略,也是其成功经营的核心秘诀。

很多人对沃尔玛低廉的价格与优越的品质有着良好的印象。要是你问沃尔玛的职员:沃尔玛成功的经营秘诀是什么?回答肯定是:便宜。而且他们会举例说,5元钱进货的商品在沃尔玛卖3元钱,

> 这就是沃尔玛的"天天平价"。
>
> 5元钱进货的商品卖3元钱,天下怎么会有这种事呢?
>
> 原来沃尔玛超市并不是全部商品都打折销售,而是打折销售那些那些消费者熟悉价格的商品。而消费者通过与记忆中的商品价格进行比照,发现沃尔玛真的是"低价"。也就加深了沃尔玛"天天平价、始终如一"的印象。沃尔玛的价格营销策略就这样实现了。
>
> —— 作者根据相关材料改编

六、如何选择家庭农场农产品销售渠道

(一)农产品销售渠道

农产品只有通过市场交换,才能到达消费者手中,才能实现其价值和使用价值,农场才能盈利。家庭农场建立之初就是要将产品市场化,而不是自给自足的小农经济。所以家庭农场的发展必然产生一个问题,产品通过什么样的通路销售给消费者,这就是农产品渠道。

农产品销售渠道指的是分销渠道或流通渠道,是产品由生产者流向最终的消费者的通路、途径。找到有利可图、稳定有序、沟通顺畅的销售渠道,可以实现农场的增收,对稳定农产品物价也具有积极的意义。农产品销售渠道连接生产和消费,既是生产的排水渠,又是消费的引水渠。排水渠不通,农产品就不能及时销售出去,资金周转困难,农业再生产就无法顺利进行。引水渠不畅,农产品就不能及时顺利地到达消费者手中,消费需求就得不到满足。因此,对于生产者来说,不仅要生产满足消费者需要的农产品,还要正确地选择自己的营销渠道,做到货畅其流,发挥促进生产,引导消费的作用。

当前,我国农产品渠道的发展相对滞后,成为一个阻碍农产品流通

个突出的问题。流通渠道形式受到诸如生产商规模与地域分布、中间商规模、最终消费者的地域分布等因素的影响,会因为这些因素的变化而发生演变。

(二)农产品销售渠道发展历史

1. 农产品运销阶段

农业产品进入市场初期,因为生产者和消费者距离比较近,农产品营销渠道主要形式为生产者——消费者的直接销售渠道。

2. 中间商销售为主阶段

随着联产承包责任制对农业生产力的解放,以及化肥、农药、优良种子的使用,我国农业生产者的生产效率提高非常快。农产品出现了过剩,形成了农产品买方市场。生产者由于缺乏市场驾驭能力,出现了对中间商的依赖,通过"中间商—批发市场—农贸市场"的市场能力优势把农产品推向市场。我国农产品上规模的批发市场有4 000多家,加上遍布城乡的农贸市场和各类超市,形成了庞大的农产品营销渠道体系。

3. 垂直一体化渠道阶段

由于中间商在农产品市场交换中占有主导地位,传统的营销渠道系统中的中间商(渠道成员)处于一种完全竞争,相互排斥状态。农产品在流通过程中所有权转移环节多,各渠道成员为自身利益,往往以追求最大利润为目的。农产品在市场中的交换利润绝大部分被中间商掠取,消费者还不得不付出高价购买农产品。而且产品质量也无法保证,出现了所谓的"毒生姜"、"镉大米"等食品安全事件。政府开始拓展新的农产品营销渠道,比如"农超对接"、"农校对接"等新兴市场渠道。

4. 渠道整合阶段

现在,我国逐渐出现了连锁超市、大型团膳企业向生产者,主要是农业合作社延伸,通过股权投资、签订长期合同等方式的垂直一体化渠道系统。渠道成员间的关系由原来各自追求最大利润为目的的竞争关系,整合为农产品生产、流通、消费等全过程的服务目标统一性。

对中国农产品销售渠道的分析，我们可以看到，农产品营销渠道的演变也是农业经济发展的演进轨迹。前两个阶段属于以生产为导向型的农产品营销阶段，其主要目的是如何通过降低成本、提高渠道效率，使生产者的农产品传递到消费者手中，采用以农产品为中心的农产品运销，农产品推销和产销一体化的营销活动方式。这些营销方式实质上是生产—市场的模式。它适应卖方市场下的农产品营销活动。后两个阶段，由于经济和技术的快速发展，农产品生产已不再是营销活动中的主要环节，顾客的需求、新型渠道的发展，使农产品营销活动不仅体现买方农产品市场的需要，也满足在卖方市场下生活水平日益提高的顾客差异需求。

（三）农产品销售渠道发展趋势

随着农产品市场营销的发展，从以农产品生产为中心，到以农产品特色化为中心的营销观念，发展到顾客需求导向和关系营销的观念，农产品营销渠道的发展呈现出新的发展趋势。

1. 农产品渠道结构短化

在新经济背景下，顾客的需求日益个性化，顾客对农产品营销渠道过程的参与程度越来越高，信息技术为异地交易提供了物质基础，便利的运输大大提高了农产品物流的速度。顾客可以在市场上根据需要购买自己的农产品，比如美国，78.5%的农产品通过"生产地—配送中心—超市、连锁店—消费者"的渠道通路完成其分销过程，只有20%的农产品通过"生产者—批发市场—销售渠道"的传统农产品营销渠道。农民的集贸市场只占1.5%。我国在倡导和实施"农超对接"的过程中，这种环节少、物流快、成本低、效率高的渠道结构已开始形成发展趋势。

此外，越来越多的城乡居民开始重视身边的农产品。比如韩国的"身土不二"观念就倡导消费本国的农产品。"身土不二"是韩国医学家许浚在1610年完成的医学名著《东医宝鉴》提出的。它的意思是：人身和土地是不能分离的，人生活在土地上，食用土地上长出的东西，如果适应环境，就会身体健康。"身土不二"说明了人和环境互相依托的辩证关系，当环境遭受破坏以后,人类自身也会受到影响。20世纪60年代,韩国民间组织"韩国农协"把它作为口号,号召国民消费本国的农产品,意为"韩国土地上生产的东西最适合韩国人的体质",韩国人应该吃韩国土地上生产出来的农产品。而我们中国话说,就是"一方水土养一方人"。韩国民众对国产农产品的购买逐渐产生出主导性的消费观念,为本国农业筑起一道天然的保护屏障,韩国农产品的价格和销量均不断攀升,而当地农民由此收入增加,进而扩大了内需。

2. 渠道系统的垂直一体化

渠道系统的一体化分为垂直一体化、水平一体化和渠道集成化。我国农产品销售的垂直一体化主要采取农产品加工商的一体化和农商综合体的形式。

3. 渠道内部关系从交易关系向合作联盟发展

传统的农产品营销渠道成员间,因目标不同而在运作过程也具有差异性。目标不同而操作过程相同,又易产生一种合同不能按时履行的结构。目标相同,过程不同,从而造成一种在管理过程中的错误关系。因此,在简单直接的交易关系基础上逐渐建立起了合作关系,即在合作关系基础上的伙伴关系和在伙伴关系基础上的联盟关系,比如,"公司+基地+农户"或者采取"农超对接"等长期联盟关系。

(四)家庭农场如何创新销售渠道

1. 家庭农场要成为农产品流通主体

家庭农场虽然主要从事种植业和养殖业,但是,必须拥有市场的通行证。农业生产经营组织,走向完善和成熟的标志就是规模化、组织化和一体化。家庭农场营销渠道创新应从营销主体创新开始,改变从事生产端的单一角色,通过多种方式走向农产品市场,增强营销能力和农产品竞争力,从而提高农产品流通效率。

2. 积极加入专业合作组织

家庭农场不能各自为战，需要开放的心态，组建专业合作组织，提高生产、销售的组织化程度，共同开拓市场。相同产品结构的农场之间形成利益共同体，统一技术服务、生产更有竞争力的产品，并增强抗风险能力和营销能力；同时也要积极加入专业协会，为家庭农场提供物资供应、加工、贮藏、产品运销及辅助信息等服务，增强参与市场活动的地位和能力，提高其营销能力和参与市场竞争的能力。

3. 建立与超市等流通组织的紧密关系

作为零售企业的农产品超市尤其是大型超市，他们直接与消费者接触，有专业的营销人员，能直接了解消费者需求，可以发挥生产引导作用。而且进入超市的农产品要符合国家的一些标准，也有利于形成"倒逼机制"，帮助提升家庭农场对农产品质量的全面监控。大型连锁超市对商品具有大量采购、均衡供应、常年销售的显著特点。农产品超市的发展壮大必将使更多分散的农民在龙头企业的带动下组织起来，使得农产品生产中各种生产要素能够合理调整，组织化程度也将大大提高。

超市可以为顾客提供其他农产品营销渠道无法比拟的购物环境。超市的农产品会比其他渠道的农产品更注重品质，超市舒适的购物环境和统一的定价也可以让顾客避免在传统的农贸市场忍受"脏、乱、差"和"乱要价、哄抬价"。超市还可以实现一站式购全，正如上文所讲的"农超对接"、"农校对接"等方式，减少农产品采购环节，降低流通成本，保障目标消费人群的食品安全，和原有流通主体、消费主体实现资源互补，提高流通效率。

4. 勇敢尝试农产品交易方式的创新

当前，在我国农产品交易中占主导地位的现货交易方式，存在着价格信息不公开等缺陷。家庭农场应积极探索新的交易方式，比如，可以参加拍卖交易。拍卖交易是国际上规范的批发市场普遍运用的交易方式。拍卖交易采取强制拍卖的做法，即大多数农产品都要进入拍卖市场，不允许场外交易，并且交易的主体在进入市场时要经过严格的资格审查。这些规定的实施可减少传统现货交易中的"暗箱"操作，在一定程度上减少欺诈行为，使交易更公正合理，有效保证交易双方的利益。

5. 优先试水新型的网上电子商务贸易

与传统农业贸易相比，农产品网络营销具有交易虚拟化、成本低、效率高、透明化等特点。利用电子商务进行农产品营销，能有效避免传统农产品营销渠道的诸多缺陷，有效解决时空上的矛盾，充分发挥营销渠道的地点和时间效用，克服农产品易腐、贮藏周期短、损耗大等自身特点所引起的流通问题。同时，由于信息获取成本较低，也有利于降低农产品流通成本，化解交易风险。

> **链接案例**　思维的改变　创新的力量
>
> 　　几十年过去了，我国早已从"三年自然灾害"的梦魇中清醒过来。但实际情况是，从新中国成立以来，一方面人口翻了一番还多，而另一方面可耕地的面积却因种种原因一直在减少。按照边际收益递减规律，在有限的土地上连续追加投入，得到的产出的增加将越来越少，这似乎很可怕。然而自改革开放以来，令人不可思议的是，我国再也没有出现所谓的"粮食危机"。这不能不归功于技术创新和制度创新对边际收益递减规律制约的突破，尤其是农业科技进步这一技术创新所发挥的作用。
>
> 　　从边际收益递减规律的角度来看，主要是因为在长期发展和变化中，这一规律的其他条件——技术水平不变发生了变化。这就不能不提到袁隆平的故事。袁隆平是我国著名的农业科学家，也是享誉世界的"杂交水稻之父"。
>
> 　　袁隆平发明杂交水稻的过程颇具传奇色彩。当年袁隆平偶然发现一处野生水稻稻穗饱满十分显眼，尽管当时理论界流行说法是水稻属于自花授粉，不存在杂交优势，但袁隆平凭直觉断定这是不多见的自然杂交水稻。袁隆平把那处十分显眼的水稻种子拿回去重新

栽培，长成以后优势不见了。对此别人都很气馁，而袁隆平心理却有数，因为杂交优势是逐代衰减的，这正说明水稻杂交优势可能是存在的。

经过反反复复的实验以后，袁隆平将一种水稻花的雄蕊掐掉，再用另一种水稻花来授粉，就培育出了第一代杂交水稻，结果却让人大失所望，这种杂交水稻的稻秧长得很旺盛，但稻穗却很平常。袁隆平反而从中得到了启发，这证明了水稻杂交优势是存在的，下一步研究的重点就是想办法要让水稻杂交优势发挥在稻穗上而不是稻秧上。

不知多少次实验以后，袁隆平他们终于培育出了体现在稻穗上的杂交水稻了。面对大家的狂喜，袁隆平却在发愁，虽然在实验水平上成功了，但在大量种植的情况下，水稻花授粉时，把每一个水稻花上的雄蕊掐掉要费多少人工啊！实验水平的成功并不等于实用意义的成功。

创新还得继续进行，又经过一番周折，袁隆平培育出了一种"雄性不育系"，这种水稻天生不长雄蕊，大量种植时把"雄性不育系"与正常水稻隔行间种，到授粉时节只需要两个人拿两根竹竿把"雄性不育系"与正常水稻夹在一起就完成了授粉。至此，中国杂交水稻技术的创新才算完成，水稻种植技术进入到"杂交水稻"时代。在袁隆平取得成就的基础上，我国科学家通过联合攻关，现在已全部破解了水稻的基因密码。杂交水稻这项技术因大幅度地提高了水稻的亩产量，而对全球的水稻供应产生了革命性的影响。

——作者

七、家庭农场农产品促销

（一）农产品促销

规模较小而分散的农户由于受到资金、能力的限制，在进行产品促销的时候，往往不能也不愿投入，一般只参加与自己利益相关的、规模较小的营业推广活动。家庭农场由于规模相对较大,又有自己的品牌,因此愿意参加广告促销、各种特色的农产品博览会、交易会、促销会和各种主题的公共关系活动。这些活动,我们称之为农产品的促销。

农产品促销是农业生产经营者运用各种方式方法,传递产品信息,帮助并说服顾客购买本企业的产品,或使顾客对企业产生好感和信任,以激发消费者的购买欲望,促进消费者的消费行为,从而有利于扩大农产品的销售。常见的农产品促销方式有人员推销、广告促销以及农产品展销会等三种形式。家庭农场在进行农产品促销时,需要根据自己农场生产的实际情况和农产品的消费特点,选择合适而且灵活的促销方式,与顾客建立长期关系,培养一批忠诚的顾客群。

(二) 农产品促销的形式

从促销形式上,可以将农产品促销分为人员推销、广告、营业推广、公共关系四种形式。

1. 人员推销

人员推销是指通过销售人员深入中间商或消费者进行直接的宣传介绍活动,使其产生购买行为的促销方式。人员推销是非常古老的促销手段。历史上商人的沿街叫卖、上门送货等就属于人员推销。人员推销的最大特点是具有直接性。在一些农产品集中进行商品化生产的产地,如蔬菜产地、瓜果产地等,由于生产量大和销售季节集中,一到收获季节,产地就会出现局部的供大于求,导致价格下降、出现卖难问题。政府或者农产品经营者通过熟人、老客户等到大中城市的农产品批发市场、企事业单位等宣传产品、扩大销路,就是典型的人员推销。

家庭农场主主动联系经销商,通过建立自己的经销商网络,形成稳定的销售渠道;或者向城市中的商场和超市等派出销售员、理货员等,为消费者介绍农场产品、听取顾客意见,不断调整自己的营销策略,也是一种人员推销。人员推销是一种推销员与消费者面对面地双向沟通的活。这种注重人际关系,不仅有利于消费者与销售人员之间建立友谊关系,甚至建立长期的合作关系，还可以根据消费者反应及时调整营销策略，具有较大的灵活性，往往可以实现即时成交。所以是家庭农场非常有效的促销方式。

2. 广告

广告是指由广告主采取付费方式，委托广告经营部门通过传播媒体，以现代科学技术和现代化设备为手段，对产品或服务项目的宣传活动，达到刺激市场需求、培养忠诚消费者的目的。M&M巧克力的"只溶在口，不溶在手"、麦氏咖啡的"滴滴香浓，意犹未尽"、响水大米"粒青如玉、晶莹剔透、质重如砂；煮粥浆汁如乳，蒸饭油亮溢香！"、银杏酒广告"常饮银杏酒，活到九十九"、都是非常好的农产品（食品广告）。广告促销的特点是覆盖范围广、传播迅速、形式多样、人均成本低，但广告的信息量有限，需要仔细酝酿，同时制作和发布成本高。

农产品是人们的生活必需品，需求弹性小，所以，过去很少有农户给自己的产品做广告。而且农产品一般没有品牌，有的话也是地区集体品牌，比如新疆干果、宁夏枸杞，很少有人愿意为整个地区的农产品做广告宣传。综观国内各类广告媒体，除在地方媒体上出现寥寥无几的农产品广告外，全国性媒体上还很少有农产品广告。现在，越来越多的家庭农场开始注意到了广告的作用，自己的产品也有了自己的品牌，也开始利用广告手段来促销。作为农场主，可以结合农产品个性特征挖掘其独有魅力，做好广告宣传。

那么如何做广告呢？广告信息必须真实，但是手法可以艺术化。以下具体广告策略的分析都以此为基点。

（1）质量证明。消费者不能直观地作出正确判断的时候，往往依靠外部因素来评价产品质量。我们可以通过展示获得的权威机构认证的证书来为产品质量证明，提供有力的说服证据，比如，地理标志农产品，如新疆维吾尔自治区的"库尔勒香梨"、福建的"漳州芦柑"、重庆的"涪陵榨菜"、山东的"章丘大葱"等，地理标志对消费者选购产品提供了很好的帮助。还有上文讲过的我国权威机构的质量认证有"无公害农产品"、"绿色农产品"、"有机农产品",还有各种级别的评优,如中华名果等。"奉节脐橙"就在广告中展示其获得的各项证书,如农业部优质水果证书、金牛奖杯、第二届中国国际农业博览会金牌,中国国际农业博览会认定为"名牌产品"、"重庆名果",中国国际农业博览会"名牌产品"等。

(2)情感广告。通过大量使用者的使用情景和消费者证言,建立群体认同感,进而进行安全心理诉求。我国的传统文化是一种伦理文化,特别注重家庭关系、人际关系,依靠亲情来联络成员、稳定秩序、传承家业、教育子弟。在广告中,要多运用"家庭幸福"、"健康长寿"等概念,因洋溢着对消费者的祝福和深情而更易于被人们所接受。"大红枣儿甜又香,送给亲人保健康"就充分地运用了这一策略。

(3)过程证明。通过展示产品生产环节的过程证明产品的质量,从而进行安全心理诉求。因为一个产品在终端销售之前的环节,消费者是看不到的,通过适当展示这些环节,可以增加消费者对产品的认识而增进信心。统一鲜橙多广告中把冰箱放在了橙子果园里,强调"在橙子摘下的第一时间,即刻被冷藏起来,为的是将最新鲜的营养和美味带给消费者"。广告中把果品的冷链技术展示出来,诉诸消费者的安全需要。

3. 营业推广

营业推广又称销售促进,是指为刺激需求而采取的能够迅速激励购买行为的促销方式。营业推广主要是一种战术性的营销手段,而非策略性的营销手段。比如,由于人们生活节奏加快,因此"送货上门"、"净菜去壳"等新的促销技巧很受消费者的欢迎。与其他的促销方式不同,营业推广多用于一定时期、一定任务的短期特别推销。

那么如何做营业推广呢?

(1)现场促销。根据农产品的特点,农产品的营业推广适合采用特价、价格折扣与优惠券、免费品尝、展销会、加量不加价等方式。生鲜超市常对某一种蔬菜进行特价限量购买,以树立一种物美价廉的形象,带动其他生鲜产品的销售。

（2）免费体验。比如，有的家庭农场召集消费者进行"农场体验"活动、"农业观光旅游"或者"农家乐"营销，把农产品的优、劣完整体现在消费者面前，通过对产品的观、闻、品、验等手段，让消费者明白农场的生产流程，这样将大大拉近消费者的感官识别，从而建立牢固的产品信任感，促进就地应时消费。

（3）教育服务。家庭农场可以依靠社区的组织关系来进行农产品的教育与消费，通过对物业、居委会的联合，把农场从田间地头到餐桌的生产全过程进行演绎，使消费者明白农产品怎么生产、加工、贮藏、运输到消费者手中的，通过怎么样的质量检验保证品质，互相共融，保证常年的农产品供应，建立良好的供应关系与渠道，提高信任度。

（4）引导对比。如果家庭农场有非常好的农产品，就可以采取和其他产品进行对比的方式进行营销。比如，观望，看外观；品尝，尝品质；比较价格、重量、产地、颜色、品牌等，通过对比手法，强调产品的实质，引导通过观望、尝试到形成消费。

4. 公共关系

公共关系指一个组织为了改善与社会公众之间的关系，通过双向信息沟通，增进公众对组织的认识、理解与支持，树立良好的组织形象，为自身事业的发展创造最佳社会环境而开展的一系列活动。公共关系主要着眼于主动地在社会公众心目中树立长期企业形象，使社会公众难以忘怀。

由于农产品的促销活动一般由政府和当地新闻媒体一起发动，所以，依靠公共关系进行产品促销往往能够取得较好的效果。参加各种农产品展销会是家庭农场促销自己农产品的好机会。这些展销活动多数是由产地或行业组织在政府支持下举办的。活动之前通过发通知、做广告等进行广泛宣传，活动的组织机构还向有关部门和企业发出参会邀请。展销会一般都有开幕式、领导剪彩等仪式，期间邀请各种媒体参与采访报道，声势浩大，参加者踊跃，是促成大批量订货的好机会。有些展销会在农产品产地举办，邀请众多客商前来并安排现场参观和座谈交流，不但产品促销效果好，而且树立了良好的产地形象，扩大了产地的知名度。如农业部举办全国优质农产品展销周活动就是要向中外客商展示全国各地的优质特色农产品、绿色食品和有机食品，进一步促进农产品贸易流通，丰富农产品市场供应。

链接案例 "褚橙"的促销

2012年11月，在中国的大地上，一种名不见经传的橙子被冠以"褚橙"疯狂上市。各大媒体和网络微博见证了前所未有的农产品营销战役，褚橙的故事一夜间在中国可谓家喻户晓。

褚橙的掌门人褚时建让这个不起眼的橙子，成了一种文化、一种精神。褚时健，红塔集团原董事长，曾经是中国有名的"中国烟草大王"。1999年，褚时健被判处无期徒刑。2002年，74岁保外就医后，与妻子承包荒山开始种橙子，却一往无前地开始了二次创业，在云南包垦2 000亩荒山。有个亲戚带了美国橙子给褚时健品尝，但是口感偏酸。75岁的褚时健决定种橙子。最开始并不叫"褚橙"，而叫"云冠"冰糖橙。"云冠"这个品牌还真是褚时健想出来的，但是橙子卖得并不顺利。后来，褚时健的老伴想打"褚时健种的冰糖橙"的横幅，褚时健不同意，老伴坚持意见。结果，横幅一打出来，橙子很快销售一空，"褚橙"也很快被叫开了。

2008年以前，这个品种的橙子在云南省的收购价只是几毛钱一斤，销量很平淡。而现在"褚橙"市场价格不菲，市场售价约为108～138元/箱（5千克），且不愁销路。随着王石、潘石屹等知名人士在微博上的力捧，"褚橙"的传奇故事引爆公众话题，并被誉为"励志橙"。

2012年10月15日，褚橙开始销售。借助电商平台——本来生活网，10月到12月，褚橙销售期间本来生活网的订单量有8倍的增长。2012年，褚橙初次在本来生活网销售的时候，网站日订单最高数达到1 000单，2013年，这一数字已经上升到5 000~6 000单。

业内人士认为,"褚橙"走红除了好吃之外,更多的是因为这是原来的烟草大王褚时健所种,还有其背后的故事。橙子挂果要6年,75岁的老人选择这样的方式二次创业,是何种心境与人生勇气?万科集团董事长王石曾评价他:"衡量一个人的成功标志,不是看他登到顶峰的高度,而是看他跌到低谷的反弹力!"元初食品的陈启明先生则是这样评价他和褚橙,"褚时健是故事,褚橙是鲜活的人生,也是一个八十高龄老人对生命的思考,更是一个大起大落的男人奉献给时间的产物"。

从促销的角度看,'褚橙'成功之道在于赋予高品质的好水果独特的销售卖点——褚时健卖的不是橙子,而是励志的故事——再巧妙地引入创意与实力兼具的生鲜电商平台作为产品营销的战略合作方,当好的产品、创意遇到好的渠道销售模式,成功是水到渠成的事情。

——作者编写

八、农产品要进行产品分级

(一)产品分级

农产品的生产离不开土地资源和水资源,这就决定了农产品不能像工业生产那样集中在一个较小的空间范围里。因此,农业的生产往往非常分散,而分散的种植又使得其规模相对较小,难以集中,信息相当分散。同时,农产品作为一种非加工产品,外形尺寸和内在的品质很难统一,更难进行人工控制,使得实现标准化非常困难。

随着大众生活水平的提高,选择并食用优质农产品,渐渐成为新的消费观念和流行。由此对农产品按外观、质量要素进行等级划分,实行以质论价,优质优价,越来越成为家庭农场获得高效益的源泉。比如,把猪肉分割为瘦肉、排骨、五花肉和猪皮等出售,这很正常,农产品也是这个道理。有些农户仍然按照传统的销售模式，习惯于好赖搭配、统货出售。像水果和蔬菜，大小不分开，质量不分等，优劣混装，没有进行必要的分级、去劣、包装等，更不用说同一种农产品的细分了。这样的结果，往往使自己生产的农产品卖不到合理价格，大大减少了应有的收入。

这里可以看看浙江省嵊州市甘霖镇农民朱荣兴的经验，作为当地十佳水果营销大户，他的经验是果树果实有优劣之分，形状、大小、着色程度等也不完全一致，甚至还有病虫伤害，采后如混在一起不便于贮藏运输，也不便以质论价销售。同样是一亩地中高档水果，采摘之后分不分级，效益相差不少。他拿桃子举例：个头大的桃，市场收购价每千克在2元以上，而个头小的桃市场收购价每千克仅4毛钱左右。

农产品分级是进入流通的第一环节，并直接关系到包装、运输、贮藏和销售的效果和效益。产品分级就是进入市场的重要方式，比如，在超市中销售农产品，就必须对农产品按不同的等级分类定价，这样满足了顾客多样化需求，也提高了收益。分级产品是渠道流通的基础，高质量、标准化的产品对整个农产品的流通意义非常重大。

（二）如何进行产品分级

我国消费者有很强的审美观，对农产品的外观很挑剔。比如，大型超市采用开放式售货方式，顾客可以自由挑选。如果在同一批水果或者蔬菜中间品质不均等，顾客会把好的挑走，造成很大的浪费。因此，对于超市来说，减少损耗的唯一办法是采购均一的产品（大小好坏基本一致）。目前，超市对农产品的验收，除了必要的农残等检测外，对产品的外观、重量、长度、色泽等都有很严格的要求。以紫心薯为例，某超市要求是重量大于等于90克，无明显虫眼，无伤蒂、破损、疤痕、畸形，颜色鲜艳，大小均匀。按此种标准，农户生产出来的紫心薯只有70%的合格，而批发市场则不然，要求很低，符合要求的可以达到95%以上。外观标准就成了超市确保产品质量均一性的重要手段。

农产品的外观标准应该有外形与等级和参考标准。为了便于说明，我们以富士苹果进入超市的外观标准为例，逐条进行说明。

1. 外形与等级

首先要求苹果必须具有典型的红富士苹果的品种特征，果实完整、健康、外表洁净、无异味，没有由于雨水或冲洗后留下的水分。等级分为特级、一等和二等。外观分级标准如表3-2所示。

表3-2 富士苹果的等级标准（参考用）

项目		特等	一等	二等
基本要求		基本要求充分发育，成熟，果实完整良好，新鲜洁净，无异味、不正常外来水分、刺伤、虫果及病害，果梗完整		
色泽		具有本品种成熟时应有的色泽		
单果重		苹果主要品种的单果重等级要求		
色泽（片红/条红）		98/80	80/70	65/55
单果重		≥240克	≥220克	≥200克
果形		端正	比较端正	可有缺陷，但不得有畸形果
果梗		完整	允许轻微擦伤	允许损伤，但仍有果梗
果锈	褐色片锈	不得超出梗洼和萼洼，不粗糙	可轻微超出梗洼和萼洼，表面不粗糙	不得超过果肩，表面轻度粗糙
	网状薄层	不得超过果面的2%	不得超过果面的10%	不得超过果面的20%
	重锈斑	无	不得超过果面的2%	不得超过果面的10%
果面缺陷	刺伤	无	无	允许干枯刺伤，面积不超过0.03平方厘米
	碰压伤	无	无	允许轻微碰压伤，面积不超过0.5平方厘米
	磨伤	允许轻微磨伤，面积不超过0.5平方厘米	允许不变黑磨伤，面积不超过1.0平方厘米	允许不影响外观的磨伤，面积不超过2.0平方厘米
	水锈	允许轻微薄层，不超过0.5平方厘米	轻微薄层，面积不超过1.0平方厘米	面积不得超过2.0平方厘米

续表

项目		特等	一等	二等
果面缺陷	日灼	无	无	允许轻微日灼，面积不超过 1.0 平方厘米
	药害	无	允许轻微，面积不超过 0.5 平方厘米	允许轻微药害，面积不超过 1.0 平方厘米
	雹伤	无	无	允许轻微雹伤，面积不超过 0.8 平方厘米
	裂果	无	无	可有 1 处短于 0.5 平方厘米的风干裂口
	虫伤	无	允许干枯虫伤。面积不超过 0.3 平方厘米	允许干枯虫伤，面积不超过 0.6 平方厘米
	痂	无	面积不得超过 0.3 平方厘米	面积不得超过 0.6 平方厘米
	小疵点	无	不得超过 5 个	不得超过 10 个

资料来源：作者承担国家商务部项目，其中，有制定 50 种农产品标准内容，本表是其中一种

①只有果锈为其固有特征的品种才能有果锈缺陷
②果面缺陷，特等不超过 1 项，一等不超过 2 项，二等不超过 3 项

2. 参考标准

为了减少 ID 卡的分量，超市农产品质量标准尽可能接近我国农产品国家标准。超市制定标准是参照国家标准文件，包括：① NY/T 1075 红富士苹果标准；② SB/T 10064 苹果销售质量标准；③ NY/T 439 苹果外观等级标准；④ GB 8855 新鲜水果和蔬菜的取样方法；⑤ GB 2762 食品中污染物限量；⑥ GB 2763 食品中农药最大残留限量。家庭农场需要找到这些标准（在网上可以查到），认真研究和在生产、分级的时候按照这些标准来做，可以避免很多的失误。但值得注意的是，超市的采购标准并不尽同国家标准，超市有自己的要求。家庭农场按照超市标准生产、分级和发货。

> **链接案例**　柑橘的分级
>
> 　　湖南省新邵县雀塘镇柑橘场承包主梅华明等人销售柑橘已有10多年了,过去销售柑橘总是卖"统货",很少分级,在市场上还能卖得出手。可是近年柑橘不分级,在市场上总是遭遇尴尬:在质量好的柑橘中总是混杂一些"另类"产品,要么个子小,要么模样不中看,价格因此大打折扣,甚至被顾客嗤之以鼻,找不到"婆家"。
>
> 　　现在则不同了:他们购买和安装了一套分级打蜡包装机器,机器分级一点也不含糊,在经分级后,个子大的当中挑不出小的,在质量好的当中找不出差的,果实整齐一致,在市场上畅销价好。剩下个子小的、皮色不美观的用来加工其他商品,销路也不错。其实,不仅仅是柑橘,其他农产品作商品上市同样都要按质分级,不要让质量差的连累质量好的。
>
> ——作者编写

第四篇

管 理 篇

一、家庭农场的劳动关系管理

(一)家庭农场的雇工

家庭农场的建立和发展是一个长期的过程,家庭农场的正常营运不仅需要雄厚的资金、适度的土地规模和优秀的经营人才,还需要大量的劳动力。据统计,2011年全国乡村人口数为6.5656亿人,但第一产业从业人员仅为2.6594亿人,占乡村人口数的40.5%[①]。非农人口的增加给土地流转带来可能,土地流转形成了家庭农场规模扩大的条件。

一般情况下,具有一定规模的家庭农场都需要雇用一定量的常年农工和大量的短期农工,规模越大则雇用农工数量越多。农业部的一项统计显示,当前平均每个家庭农场有劳动力6.01人,其中,家庭成员4.33人,长期雇工1.68人。比如,东部沿海的省、市、区从事农业的人口比较少,家庭农场的规模比较大。据对浙江省13市(县、区)136个家庭农场的典型调查,平均每个家庭农场雇用常年农工4.72人、短期农工50.21人。家庭农场用工问题将成为影响家庭农场未来发展的一个重要因素。目前,家庭农场在用工方面主要存在三大问题。

1. 招工难,且来源不稳定

随着城镇化和工业化进程的加快,大量农村劳动力转移到城镇和企

---

① 国家统计局农村社会经济调查司. 中国农村统计年鉴. 北京:中国统计出版社,2012

业，农业劳动力短缺问题越来越严重，导致家庭农场招工越来越困难。而且由于外出务工人员流动频繁，产生雇工群体的不稳定性，无形中增加了家庭农场雇工成本。

2. 劳动力成本大幅度上涨

近年来，由于受物价上涨等因素的影响，家庭农场雇用工人的工资不断攀升。东部地区家庭农场雇用的短期女性老年劳动力的日工资在90~100元之间，短期男性老年劳动力的日工资在120~150元，长期雇用的人工月工资在2 500~3 000元。劳动力成本的大幅度提升，导致家庭农场的利润空间变小，影响了家庭农场的效益提高，也影响了家庭农场的规模扩张。

3. 雇工的素质较低

目前留守在广大农村的劳动力大多为老年人，因此，家庭农场在用工上已经没有可供选择的余地，只能雇用年迈体弱的老年劳动力。这些雇工大多受教育程度较低，接受农业新技术和新技能的能力比较薄弱，无疑不利于家庭农场的发展。从理论上讲，可以用"机器换人"的办法解决家庭农场的用工问题，但现实条件尚未具备。据调查，目前，除经营水稻的家庭农场可全程采用机械化作业外，水果、蔬菜等生产生鲜产品的家庭农场普遍难以采用机械装备进行生产活动。若不能尽快提高农业机械化程度，家庭农场用工难的问题将会更加凸显。

4. 用工形式和劳动关系更为复杂

这主要表现为家庭农场用工形式和就业人员来源更为多样。家庭农场用工形式既包括全日制员工，也包括季节工、小时工等，就业人员除了当地农民，还包括相当部分实习学生、下岗再就业人员、退休返聘人员等。这些人员体现出更多的临时性、灵活性用工的特征。相当多的家庭农场聘用的人员大多为附近的农民。他们"穿起制服是农场工人，回家当农民种地"，"闲时上班，忙时务农"，体现出较为明显的季节性用工特征。不同的来源也使劳资关系更为复杂。这其中，既有属于劳动法、劳动合同法规范的劳动关系，也有暂时尚未明确适用劳动法、劳动合同法规范的其他雇用关系。一旦发生劳资纠纷,处理起来难度将更大。

5.工作和休息时间等劳动法规定不明确且执行比较随意

家庭农场主要从事农业生产活动,农业生产具有自身特性,工作时间非常灵活,工作时间和休息时间界限比较模糊。在播种收秋时节,更是加班加点,连日不休。对于家庭成员而言,灵活的工作时间毫无问题。但是,对于雇工来讲,按照现有法律法规标准来看,员工超时劳动已经违反劳动法。劳动保护特别是女职工特殊保护规定落实较差。女职工在经期、孕期、产期、哺乳期,其劳动权益的保护较少。

6.社会保障问题比较突出

家庭农场用工形式和就业人员来源多样,雇用的长期工中农民有农村新型社会养老保险,新型农村合作医疗;部分实习学生没有保险,部分地区有实习保险;退休返聘人员已经享受城镇职工保险等,所以家庭农场的大多数都未参加养老、医疗、失业保险。但是,如果将家庭农场作为中小企业对待的话,社会保障体系的缺少,给家庭农场经营带来非常大的问题。

(二)家庭农场雇工需要主要的问题

我国农村目前主要实行以家庭为单位的联产承包责任制,而且家庭农场中的农业劳动多以家庭的组织形式进行,国家对家庭内的劳动关系不予干预。但是,随着家庭农场生产规模的进一步扩大,可能就需要从外面雇工。扩大雇用劳动力过程中就涉及了《中华人民共和国劳动法》和《中华人民共和国劳动合同法》(以下简称《劳动法》和《劳动合同法》)的相关内容。首先为了避免用工风险,毫无疑问要从雇工招聘上进行选择。农业生产的特点是经验占的比重比较大,因此,要选择有劳动经验的,年轻力壮、身体健康的劳动者。

其次作为家庭农场主,要特别注意劳动合同签订和履行。当前不少农民拒绝签订书面劳动合同,也不愿意家庭农场主为自己上社会保险,他们说:"保险对他们没用,多给点钱就行"。有的家庭农场为了规避风险,与雇工签署了"员工自愿不参保协议"。但是不签劳动合同、不上保险都是违法的，签署的"员工自愿不参保协议"也是无效的，所以必须了解和遵守《劳动法》和《劳动合同法》的相关内容。

1. 劳动者的权利与义务

《劳动法》第2条规定，劳动者享有平等就业权、取得报酬的权利、获得劳动安全卫生保护的权利、提请劳动争议处理的权利以及法律规定的其他劳动权利。也就是说家庭农场主在雇用劳动者是必须为劳动者满足以上条件。

2. 劳动争议解决途径

《劳动法》第77条规定，用人单位和劳动者发生劳动争议，当事人可以依法申请调解、仲裁、提起诉讼，也可以协商解决。

3. 签订劳动合同

《劳动合同法》第2条规定，中华人民共和国境内的企业、个体经济组织、民办非企业单位等组织（以下称用人单位）与劳动者建立劳动关系，订立、履行、变更、解除或者终止劳动合同，适用本法。第10条规定，建立劳动关系，应当订立书面劳动合同。已建立劳动关系，未同时订立书面劳动合同的，应当自用工之日起1个月内订立书面劳动合同。用人单位与劳动者在用工前订立劳动合同的，劳动关系自用工之日起建立。

因此家庭农场内的劳动者不签订劳动合同，出现风险等法律后果，只会转嫁给雇用工人的用人单位。也就是说，家庭农场如果与劳动者建立劳动关系，要符合劳动合同法的规定，务必签订劳动合同。

解除劳动合同也一样，第37条规定，劳动者提前30日以书面形式通知用人单位，可以解除劳动合同。劳动者在试用期内提前3日通知用人单位，可以解除劳动合同。劳动者本人也要遵守劳动合同的规定。

4. 经济补偿

有一些情况，比如用人单位与劳动者协商一致，并与解除劳动合同的，还要给予劳动者经济补偿。经济补偿按劳动者在本单位工作的年限，每满1年支付1个月工资的标准向劳动者支付。6个月以上不满1年的，按1年计算；不满6个月的，向劳动者支付半个月工资的经济补偿。

第四篇 管理篇

链接案例 山东潍坊人孙传德的开轩农庄

与曙光家庭农场相比,开轩农庄的规模小得有些像家庭作坊——孙传德只租了300多亩地,但按发展年头算,经营多年的开轩农庄已经趋向成熟。

孙传德喜欢给自己打上"失业后创业再拉动就业"的标签,说起来,这还是个励志的故事。1998年,孙传德所工作的潍坊市水产供销总公司倒闭,不到30岁的他也跟着下岗。他毕业于烟台市水产学院,是小城市里当时不多见的本科生。

下岗后,他找不到其他赚钱的门路,用他自己的话说,"我有能力、有年龄、有想法,就是没钱没关系。"迫于生计,他与妻子周志敏以卖花来维持生活。卖花数年,他的手里也攒了些钱,2006年,他成立了潍坊开轩花卉有限公司,租下几亩地,开始了现代化公司的经营。2010年,孙传德的生意再一次扩大规模,他在原先经营场所不远的地方,又租了300亩地,开始了家庭农场的生活。

"一开始种花的时候,地里的草都要自己去拔,因为付不起工人一天10块钱的劳动报酬。"他告诉记者,"现在我基本不用干活了,我需要做其他的事,再说也用不着我干了。"

现在不是繁忙的季节,他的农场里只有30多个工人在地里忙活,"最忙的时候,要请100多个人来干活。"孙传德告诉记者。

在种植蝴蝶兰的温室大棚里,工人正在移植花苗,这种花从栽种花苗到可以拿出去卖,需要一年时间,问到蝴蝶兰的价钱时,工人说:"我们只负责干活,不知道价钱。"一旁的孙传德戏言:"我没有发话,他们不敢跟你说实话。"

农场的工人大多是附近的村民,他们的关系是父子、夫妻,或者兄妹,其中还有10多个是孙传德的亲戚,大多在管理岗位。孙传德的用人标准有一条,他也喜欢用当地村民。

2010年,孙传德在潍坊市寒亭区寒亭街道仉庄村租了100多户居民的300多亩土地，那时候，这里相当于一片荒地，大片耕地里零散地种着些小麦，有些则干脆荒着不管，因为种一亩地一年只能挣到两三百元，村民大多出去打工。

租赁土地后，孙传德付给村民一亩地一年1 100元的租金，"他们很合算，因为不干活就能得到钱，我们也很合算，一亩地的利润远远超过1 000块。"孙传德告诉记者。没了土地的农民可以到孙传德的农场里工作，他开的工钱是一个月2 000元左右，管理者可以拿到更多。今年36岁的周海红是周志敏的弟媳，来农场工作已有4年，与丈夫周小伟一起负责花卉的管理和运输工作，两个人一年能挣七八万元，这对农民而言，已是不小的数目。"外出打工的话，一天的工钱70元左右，一个月不休息也只能拿到2 000元。"周海红告诉记者，相比之下，在农场工作要有利得多，"不用出去了，可以照顾家庭，挣得也不少。"

当然，孙传德挣得更多。

在他租的300亩土地上，有100亩花卉、100亩有机蔬菜和100亩小农场，建这个农场，花了1 000万元，其中，一半来自银行贷款。孙传德靠花卉生意起家，这也是他目前的主营业务。他家的花卉品种很多，仅红掌一项，一年就能种10万盆，一盆能卖到30元。销售渠道多年来都已经不是问题，他已经与1 000多家单位建立了长期合作，除此之外，还要给大型花卉市场供货，记者采访时，他的妻子周志敏正带着一车红掌到青州送货，那里有北方最大的花卉市场。

为了保护产权，孙传德还注册了开轩品牌，品牌里包括花卉、萝卜、韭菜、香梨和西瓜，他有自己的加工厂房，可以给产品加工包装。

加工好的产品，价格并不便宜，一箱包装好的萝卜，就能卖20~50元，其中"一等萝卜"最贵，包装也最复杂，一个大箱子里面只有8个萝卜，而且每个萝卜还单独用一个行子装起来。仅卖萝卜，一年也能挣几十万元。100亩萝卜收获后，还可以在原有的土地上接着种100亩西瓜。这些是供不应求的有机产品,价格要比普通果蔬高出6倍。

在孙传德的大农场里,还有数百个"小农场"。这里的土地以分为单位(一亩为10分),中间用护栏隔开,组成一个个小型菜园,提供给城里人租种。租种的多是一个个小家庭,他们根据自己的喜好来播种蔬菜。"当时做这个,也是为了提升人气,为城里人建造这么一个休闲劳动的平台,也有利于我们的宣传。"孙传德说,每到周末或节假日,租种小菜园的人会骑着单车从城里过来,打理他们的蔬菜。租种一分地,一年的租金为1 000元,这是潍坊市寒亭区"小农场里最高的价钱,种苗、工具、肥料还要另外收钱,即便如此,孙传德的"小农潮"里也已经没有空地。这是现实版的"开心农场",但租种者们不能相互"偷菜",这会被监控摄像头拍摄下来。

"我们就是大农场里套着小农场。""我的家庭农场模式已经经营很多年了。"但刚开始经营农场时,他还不知道这个概念。

孙传德的经营必然会得到地方政府的支持,因为地方政府早就在为这家农场做宣传,他们还在"开心农场的边上立了一些宣传的牌子,上面写着"庄园总投资3 000多万元,占地600余亩"。"以后应该会有一些针对家庭农场的优惠政策,这对生产经营没什么不好,而且还可以起到宣传作用。"

——作者改写自:中国行业研究网,2013-03-26

二、家庭农场的融资

(一)家庭农场融资难与融资优势

兴办一个家庭农场,由于经营规模较大,无论是大面积的农业生产所需要的种子、化肥、农药,还是灌溉、收割、运输、仓储,抑或是所需要雇用的农业劳动力，都需要大量的资金。农业生产的周期较长而受市场价值规律的制约，有时农产品会供过于求，农产品价格过低导致农民亏本，无法再进行下一年的农产品投资，在自有资金无法满足生产经营需要的情况下，都需要解决融资问题。解决融资问题，使资金在农场主的经营活动中获得良好的周转和循环，是目前家庭农场的首要任务。融资就成为制约家庭农场生产经营发展的瓶颈。

现今，正处在我国家庭农场发展的初期，各地区家庭农场融资困境主要有两方面：一方面，融资金额较大，需求量总体呈上升趋势，自筹资金已很难满足发展需要，随着家庭农场经营规模的扩大，家庭农场主对信贷资金的需求力度也越来越大；另一方面，融资的成本越来越高。风险管理不足、缺乏有效的抵押资产、期货市场发育不成熟、政府补贴资金不足以及政策没有得到有效的实施等导致农场主的融资成本越来越高。

但是，农场主个人作为融资主体相较于其他农业经营生产方式的融资主体有其特有的优势。首先，农场的经济效益与农场主密切相关，农场发展的好坏直接关系到农场主的利益。这种形式的融资主体积极性更强，对于融资的欲望更强；其次，家庭农场如同家族企业，具有传承性和延续性。经营良好的家庭农场传给下一代，会极大地减少他们的融资压力。最后，家庭农场有国家政策和相关机构的融资支持。

（二）家庭农场融资方式

作为家庭农场主，可以通过如下3种方式进行融资。通过国家财政资金、贷款和自筹。

1. 国家财政资金（政府资金投入）

国家近年来大力推广家庭农场，据农业部发布的《中国家庭农场2012年现状报告》显示："2012年，全国各类扶持家庭农场发展资金总额达到6.35亿元，其中，江苏省和贵州省超过1亿元。"我国各级政府对家庭农场进行了大量的资金投入，然而，这些资金投入相对于农场主们对资金的需求还远远不够。此外，各地区资金投入差异较大，我国财政还没有为家庭农场设立专项发展资金的现象。家庭农场建设初期,加大政府资金投入,确保财政补贴政策的有效实施能够帮助部分家庭农场摆脱融资难题。

2.贷款(金融机构贷款)

家庭农场在创业初期,由于处于投资期而往往很难盈利,周转资金不足,很多农场主想到通过贷款的方式缓解经济困难。然而,我国普遍存在着"贷款难"的现象。由于银行业等金融机构实施较为严格的贷款抵押担保制度,农场主们通常缺乏有效的抵押手段,作为固定资产——土地又是通过土地流转而得来的,缺乏抵押品的特征。因此,这种"贷款难"的现象需要政府、金融机构和农场主们共同协调才能得以解决。贷款难题的解决将会大幅度地改善融资困境。

3.自筹(民间资本参与)

随着家庭农场的逐步推广,资金难题完全依靠政府补助已不现实,大部分资金还是需要农场主们自我筹集。如今,国内家庭农场的基础设施投入近八成是来自农场主们的自有资金和民间借贷。多数家庭农场实行"两费自理"("两费"指的是生产费用和生活费用),这种自给自足的经营模式给农场主们的融资施加了极大的压力。农场主的部分自有资金因用于租用土地,已不能满足基础设施的投入。又因为从金融机构难以取得贷款,农场主选择向周围的人借用资金。而这些资金只能暂缓应对初期投资问题,对于真正解决融资问题作用很小[①]。但民间资本参与的自筹形式是成本低、速度快的一种筹资方式。

(三)家庭农场融资建议

1.农场主加强与政府、金融机构三方协作

积极争取政府给予那些向农场主提供贷款的金融机构政策性补助,争取农村信用社对家庭农场的信贷支持;争取民间资本积极参与到家庭农

---

① 严琪,苏亚民.我国家庭农场融资机制研究.科技创业月刊,2014(2)

场建设,加大对农场的基础设施投入。积极了解金融机构的贷款限制,争取银行、信用社放宽对农场主的贷款限制,降低贷款利率,实行差异性贷款模式,对不同经营规模的农场主给予不同程度的贷款限额。也有一些地区,以"优惠贷款"、"专项资金"、"贴息贷款"的方式支持家庭农场发展,家庭农场主要通过各种信息渠道,力争获取这些政策性的资金扶持项目,减轻农场的融资压力。

2. 尝试新的融资担保服务

《中华人民共和国担保法》(以下简称《担保法》)第37条规定,农村宅基地、耕地的土地使用权不能抵押。但是,作为一般的家庭农场主,他向银行贷款融资所能作为抵押的一般都是自有的农村宅基地和耕地的土地使用权。这一规定严重地制约了家庭农场主的融资贷款,不少地区开始允许农场主用住房、农产品的收益权作为抵押品。我们对为了破除现行法律制度在农村产权抵押担保上的制约作用进行了估计,国家层面可能对《中华人民共和国物权法》《担保法》等进行论证、修改,推动农村产权改革,取消或者适当放宽对农村承包经营用地、宅基地的抵押限制,提高农村产权的流动性,建立农村产权市场,实现农村各类产权效用的最大化。在相关法律规定修改前,可以参考一些地区通过国务院批准试点的方式,探索破解农村产权抵押难题,以降低市场参与主体特别是银行面临的法律风险。例如,温州出台了《关于推进农村金融体制改革的实施意见》和《关于推进农房抵押贷款的实施办法》,使农村房屋抵押贷款有章可循。随后,温州又出台了《农村产权交易管理暂行办法》,规定12类农村产权可以进入市场交易:农村土地承包经营权;林地使用权、林木所有权和山林股权;水域、滩涂养殖权;农村集体资产所有权;农村集体经济组织股权;农村房屋所有权;农村集体经营性建设用地使用权;农业装备所有权(包括渔业船舶所有权);活体畜禽所有权;农产品期权;农业类知识产权;其他依法可以交易的农村产权。

3. 联保贷款

农场主之间可以互相合作,实行联保贷款;农场主之间加强交流,家庭农场经营好的农场主可以为正遇到融资困境的农场主提供实践性经验。

> **链接案例** 华祥家庭农场的融资难题
>
> 华祥家庭农场位于湖北省新洲区偏远的凤凰镇三岔路村。"我现在流转了140亩土地,主要种甜玉米和迷你西瓜,还有少量葡萄。"身穿深蓝色中长呢子外套的程建华,很难让人想象他是个"农民"。
>
> 在成为农场主以前,他打过工、卖过早点,最近一次的创业是种野菜,那是2011年以前的事。当时,他利用自家的土地试种了3亩野生马齿苋和苋菜,每亩纯收入可达6 000元。当时,中百仓储还向他抛来橄榄枝,不过受产量所限,最终未能达成合作。
>
> 2011年,在新洲区经管站的推荐下,他通过村委会的帮助,以每年每亩300~400元不等的价格,从35户农户手里流转了140亩土地,注册成立家庭农场。最近几年,甜玉米和迷你西瓜比较受欢迎,于是他选择了这两个品种进行种植。"仅基础设施、水电投入就花了六七十万元,园区内的道路还没整。"程建华透露,尽管2010年通过采摘、批发玉米和西瓜赚了30万元,但同后期需要投入的资金相比,还有很大差距。
>
> 程建华的家庭农场,政府一次性补贴3.4万元。2010年,他向银行申请了20万元的贷款,花了一年才批下来,一年以后就要连本带息还给银行。"多亏我是科技示范户,普通农户根本贷不到款。"程建华对记者说。"农业靠天收,产量难以把控。加上信息不对称,对市场供需的掌控能力弱,这些风险的存在,让银行对个体农户的放贷格外谨慎。"武汉市经管局土地科科长王文才说,农场主贷款难是眼下家庭农场经营中普遍遇到的问题。农场主凑集资金只能靠自己,不少人甚至不得不求助利息较高的民间借贷解"燃眉"之急。而农业部门能做的,就是免费对农场给予技术推广、疾病防害等方面的支持;以及指导农户多种植经济效益高的农产品。"家庭农场仅

靠农户自身发展,还有个漫长的过程。"王文才表示,不过,可喜的是,目前武汉市的家庭农场基本属于良性发展。因为家庭农场的经营面积最多不超过300亩,农场主经营风险相对较小。其次,农产品有季节性,即便当季的作物出现亏损,下季可以改种其他品种。"这也吸引了不少农户加入其中,申报家庭农场的农户眼下接近500个。"

——作者改写自:荆楚网.武汉家庭农场遭遇资金之困后期运营想贷款很难,
2013-02-21

三、家庭农场涉及的合同法

家庭农场生产过程中会面临购买生产资料,在农产品成熟时还会面临与他人订立合同进行买卖,这就要求我们了解一些有关《中华人民共和国合同法》(以下简称《合同法》)的相关规定。

首先,合同订立时应遵循平等、公平、自愿的原则。《合同法》第3条至第8条规定,订立合同必须遵循双方地位平等原则,合同自由原则,公平规定权利与义务原则,诚实信用原则,依合同履行义务原则。同时,是否具有订立合同的能力。《合同法》第9条规定,当事人订立合同时,应当具有相应的民事权利能力和民事行为能力。民事权利能力是指法律规定民事主体享有民事权利和承担民事义务的资格。公民的民事权利能力始于出生,也就是说我们每个人都具备民事权利能力。然而,公民的行为能力根据年龄和精神状况所决定的。在我们订立合同时谨防由于合同一方的民事权利能力和民事行为能力的不完善,产生无效合同,可变更、可撤销合同,影响家庭农场的正常生产经营。

其次,合同的形式。《合同法》第10条规定,当事人订立合同,有书面形式、口头形式和其他形式。家庭农场经营者应该采用书面形式签订合同,这样可以避免日后产生一些纠纷、产生冲突时,书面合同可以作为证据依据主张自己的合法权利。

最后，合同订立后，合同双方都有按时履行合同的义务，合同一方如有违约责任，合同双方可以通过和解或者调解解决合同争议。当事人不愿和解或者调解的可以向人民法院起诉。

> **链接案例**　武威"种子公司违约案"终审88农户获赔59万余元
>
> 　　甘肃省古浪县88户农户状告武威甘鑫物种有限公司种植回收玉米种子合同纠纷一案尘埃落定。古浪县法院判决武威甘鑫物种有限公司违约，除已付款，再支付88户村民种子款59万余元，并按银行同期贷款利率承担迟延履行期间的债务利息。一审宣判后，武威甘鑫物种有限公司不服上诉，被二审法院驳回。
>
> 　　2012年4月20日，武威甘鑫物种有限公司（以下简称种业公司）与古浪县黄花滩乡白板滩村二、三、四组共计88户村民签订种植回收玉米种子的合同，约定由种业公司提供繁育材料与资金，农户种植玉米种子，种业公司回收价格2.1元/千克，并在收购种子结束后7日内付清种子款，不按期付清，应按欠款金额1%支付违约金。
>
> 　　此后种业公司与农户就种子收购价格再次协商，在合同内添加了"保证按75%这一农户亩产值达到2 000元计算单价"的价格条款。种子收获后，88户村民将果穗交付给种业公司。经核算，70%的农户亩产值达不到2 000元。而村民认为，应按70%这一农户亩产值2 000元计算种子收购单价，三个组村民的种子收购价格分别为2.711元/千克、2.845元/千克、2.770元/千克的市场价格计算，并要求种业公司按此标准支付种子款。
>
> 　　对于村民提出的要求，种业公司认为合同约定的种子收购价格为2.10元，只同意按种子市场价格2.32元/千克支付种子款。而88户村民认为种业公司在拿约定不明的条款坑农，随后到种业公司及各级政府协商解决，要求按合同约定支付种子价款。经相关单位协调解决后，种业公司先行支付了88户村民种子款210万元，对

争议的合同条款诉诸法律解决。88户村民无奈之下,向法院提起诉讼。

  法院审理认为,双方签订的合同合法有效,对合同约定不明而有争议的条款,应根据订立合同的目的,双方缔约真意,参照交易习惯和普遍认知对合同争议条款作出解释。88户村民主张的种子交易价格,符合双方在订立合同时的真实意思表示,应予支持。种业公司的主张缺乏事实与法律依据,不能成立。种业公司未按约定向88户村民支付种子款已构成违约,应承担继续履行的违约责任。据此,法院遂作出上述判决。

——赵野.兰州晨报,2013-10-09

四、家庭农场如何制定内部规章制度

  古人云:"没有规矩,不成方圆。"规矩是人类生存与活动的前提与基础,人们总是要在规与矩所成形的范围内活动。世间万事万物都有规矩,小到日常生活,大到国家大事。家需要有家规、行需要有行规、国需要有国法。大到国家的法律法规;小到家庭农场也要制定的《守则》和《规范》。作为家庭农场,虽然有农场主的言传身教,有长期形成的家风家规,但是作为企业式地运营,就必须有合乎一个组织发展目标的规范,只有这样才能让家庭农场更好地发展与进步。

  规章制度是管理的需要。规章制度一般是针对已经发生或容易发生的问题制定的,是管理实践的需要,而不是人的主观想象。没有控制的管理就不是管理,所以,管理要借助于制度来进行控制。家庭农场有了制度一定要按照制度执行,如果朝令夕改,或者制度仅仅针对某一个人或者几个人,就失去了制定制度的必要,而且将来再制定规章制度也没有人相信了。

家庭农场需要什么样的内部规章制度呢？一般需要《家庭农场员工规范》《人事制度》，其中包括：培训、入职、考勤、请假、工资保险福利等制度，《财务制度》《车辆管理制度》《公章及合同管理规定》《办公用品领用制度》《车费报销制度》等，按照农场发展不同的阶段，需视具体需要建立一些具体的制度。

五、家庭农场的发展规划

著名经济学家舒尔茨认为，同企业家一样，农民也是利润最大化的追求者。农民的行为选择，完全符合经济学的理性原则。农民"'首先是一个企业家，一个商人'，……他购买自己能买得起的东西时非常注意不同市场上的价格，他认真地计算其生产用于销售或家庭消费的谷物时自己劳动的价值，并与受雇工作时的情况加以比较，然后根据计算与比较再行动。"[①] 他更激情地指出：传统农民缺乏的不是经济理性，而是廉价的有效投入。"一旦有了投资机会和有效的激励，农民将会点石成金。"所以，农民，尤其是家庭农场主从来就是企业家，具备企业家的精神。做好企业的管理，当然要学会做计划。

美国著名管理学家哈罗德·孔茨说过："计划工作是一座桥梁，它把我们所处的这岸和我们要去的对岸连接起来，以克服这一天堑。"建设家庭农场并非短期项目，需要做长期的规划，也需要将长期规划分解为各种短期的计划。作为一个家庭农场的管理者，要明白做计划工作是管理活动的桥梁，是组织、领导和控制等管理活动的基础。家庭农场生产经营、市场营销等所有活动均离不开计划。计划工作具有普遍性和秩序性，计划工作是所有管理人员的一种重要职能。而且对于发展中的家庭农场而言，制定一个富于理想而且可以实现的计划，不仅对家庭成员具有激励作用，也提高雇员的士气。

---

① 西奥多·W.舒尔茨．改造传统农业．北京：商务印书馆，1999

做一份好的计划，需要有五项内容，人们称之为"5W1H"，包括做什么？（What 目标与内容）；为什么做？（Why 原因）；谁去做？（Who 人员）；何地做？（Where 地点）；何时做？（When 时间）；怎样做？（How 方式、手段）。

做一项计划的步骤有四部分，第一是确定目标，第二是认清现在：环境研究（外部环境和内部环境的研究），第三是研究过去：过去决策可能带来的影响并发现其规律，然后是预测并有效地确定计划的重要前提条件，第四是拟订和选择可行的行动计划拟订备选方案、比较和评价备选方案、确定选择原则、选定满意或合理方案。

● 滚动计划法

关于如何做好计划，有目标管理法，有滚动计划法，也有网络计划法。这里我们主要介绍的滚动计划法，其基本思想是一种将短期计划、中期计划和长期计划有机地结合起来，根据计划的执行情况和环境的变化情况，定期修订未来计划并逐期向前推移的计划制定方法。

具体做法：在制定计划时，同时制定未来若干期的计划，计划内容近细远粗；在计划期的第一阶段完成以后，根据实际情况与计划进行比较并分析原因，然后修订计划使之向前滚动一个阶段；以后根据同样的原则逐期滚动。比如2014年，我们做2015—2020年的五年计划，当计划进行到2015年年底的时候，我们可以再做2016—2021年的五年计划。这样计划符合实际情况，使短期计划、中期计划和长期计划相互衔接，可根据变化及时调整，使各期计划基本一致，又大大增强了计划的弹性，提高了农场对环境的应变能力。

链接案例 山东潍坊人兴办莱州市曙光家庭农场

在山东省烟台市，刘举林是第一个拿到营业执照的"农场主"，他在3月中旬申请创办了自己的家庭农场——莱州市曙光家庭农场。

尽管已经租到了1 440亩土地和420亩水库，但家庭农场具体需要怎么规划和经营，他的心里也没底。

他是山东省烟台莱州市程郭镇前武官村的村民，也是当地人眼中一个"很有想法的'小诸葛'"。记者联系采访时，他正在海南旅游。按照计划，海南旅游结束后，他将直接坐飞机到青岛，向青岛已经略显成熟的农场借鉴经验。

"现在是我最闲的时候。"他说，"家庭农场的经营执照刚申办下来，已经请了规划局的专家做规划方案，等方案做好后，别说出来散心，就算应付其他的杂事，恐怕也很难抽出时间。"

申办家庭农场的营业执照并不复杂，但前提是必须已经租到了土地，且有足够有力的经营场所证明——土地租赁合同。

3月15日上午，刘举林带着包括土地租赁合同在内的相关资料，来到程郭镇工商所提出注册家庭农场的想法，但工商所从来没有办理过这样的手续，"工商所的领导还请示了上级，得到的答复是'可以办'。"

当天下午，他就拿到了营业执照，农场的注册资金1 500万元，这是他做矿山生意攒下来的。

但直至拿到营业执照，刘举林租赁的1 440亩土地仍然在荒废着，只有水库里会放些鱼苗，尽管他拥有这些场地的使用权已有三年。

2010年，刘举林就将420亩的水库承包下来，"那时候水库都干了，里面没一点水，荒废挺可惜的。"他说，"我租下来以后，第一年，水库就有水了，总感觉冥冥之中需要我去做点什么。"

次年，他又开始大面积承包荒山和耕地。村里的耕地按照土壤的肥沃程度，分为四个等级，他租的这片耕地，就是最贫瘠的四等土地，这里不适合大面积种植粮食，因为得不到好的收成，"在肥沃的土地上，假如种植一种农作物能有1 000千克的收成，换到这片土地，最也只能收到三五百斤，除去成本，辛苦钱都不够。"

这里也没有像样的道路，农业机器无法进入，从耕种到收获，

怎样做好家庭农场

都要凭借自己的双手。"村民的地都不愿意种"他说。

刘举林跟村民签了30年的合同,一亩地一年需要付200元租金,每三年付一次,这是一笔不小的支出,每三年的租金要超过100万元。

土地依然荒芜,也只能荒芜,因为浅薄的土层太过贫瘠,"山上最薄的土壤厚度只有十几厘米",这是刘举林遭遇的第一个难题。

他不知道这些土地适合用来做些什么,唯一的办法就是让土地变得肥沃,这需要翻新土地和填土。

有时候,刘举林会站在荒地上,指点着他未来的农场,"别看现在只有一片荒山,几年后,这些土地上就会成为有机果蔬的生产基地。"

他打算在这片土地上种植6~8种果树,种类不算多,但规模已不小,有机种植是他预想的目标,"蔬菜、水果是生活中不可缺少的东西,而且现在大家越来越重视生态环保和农产品的质量。"然后就是修路,路旁再种上风景树,水库和土地外围种上2万棵黑松。

这是他的初步构想,规划局的规划方案做出来之前,他不会"轻举妄动",他说,"没有整体的计划,我不会盲目去做。"

当然,他也已经意识到,在未来五年之内,农场不可能为他带来多大收益,"等果树苗长成结果,也需要三五年时间。"他说,他只能把做矿山生意挣来的钱,不断投入到农场里。

一切都需要等规划方案出来,这是烟台市第一家家庭农场,没人知道具体该怎么做,也没有具体的指导政策,这是一个空白区。

可以预见的是,这一纸经营许可证,将为刘举林带来不少实惠,"有了这个营业执照,不但我经营农场的合法地位得到了确认,我还可以刻自己家庭农场的公章,在贷款、保险、签合同订单、注册商标等方面都能享受到更多的优惠政策。"他说。

尽管具体的优惠政策还没下来,但他已经得到地方政府的承诺,"他们都说了,有需要的地方,政府会给予支持。"工商部门近年来也出台了不少扶持中小企业和个体户发展的措施,在家庭农场这个问题上基本都能派上用场。

等到农场建成后,刘举林还打算成立一个研究所,用来研究其他成功的农副产品品牌,然后,用研究出来的成果,指导自己打造出一个新的品牌。

但在农场建成以前,他需要不断向别人借取经验,"过几天去青岛考察,应该会有很多收获,那里有些农场已经发展成熟"。

——作者改写自:我国家庭农场发展情况调查探讨.中国行业研究网,
2013-03-26

六、家庭农场的账务处理

(一)家庭农场会计核算的现状

家庭农场规模较大,一般可以达到获得社会平均利润的规模,大多有一定数量的雇工,甚至生产劳动以雇用劳动为主,在家庭组织形式的基础上也引入了现代契约制度等一些科学的组织方式,还需要采取现代会计核算等经营管理制度,提高经营的现代化水平。

因此,规范的会计处理不仅可以使农场家庭更好地了解自身的生产经营状况,为其决策提供必要的依据,还可以为其他利益相关者提供必要的信息资料。家庭农场的会计处理应克服其限制因素,实现进一步规范化。

小规模农户的家庭组织基本上就是生产经营组织,因而一般没有核算等经营管理制度,经济核算全凭"盘算"或者简短的流水账,甚至连"盘算"或简单的流水账也没有。在中国,家庭农场尚在兴起阶段,相关的会计理论指导和规范尚未出台,实务处理也较为简单。首先,一些农场家庭未曾记录过生产经营活动,大部分家庭农场以收付实现制为基础进行单式记账,即每一项经济业务只在一个账户中记录,一般只登记现金的收付,而且在实际收到或支付款项时才确认收入或支出。流水账下,账户之间缺乏直接的联系,不能反映经济交易与事项的变动和账户的平衡关系。其次,农户通常根据个人习惯设置记账科目,有时同一要素在前后记录中所用科目也有偏差。而且农户通常只设置一级科目,如拖拉机、化肥等,不能分类反映会计要素增减变动情况及其结果。而在核算程序方面,农场的关注点在登记账簿上,几乎没有报告行为。农场主进行会计处理的目的在于核算当期的经营收入和利润,缺乏利用会计信息进行财务分析、科学决策的观念。会计处理规范性与效益增长的不匹配导致家庭农场在经营中存在着五个不确定:一是产量不确定;二是收入不确定;三是成本不确定;四是债权债务不确定;五是效益不确定;这些不确定导致我国农民收入提高慢甚至不愿种田,以致农业发展后劲不足的局面[①]。

从外部因素看,农场家庭完全占有其经营成果,不受信息披露的强制要求,外部监督的缺失进一步导致会计处理规范性的匮乏。另一方面,相当多的农场主认为其生产规模小,经营项目少,会计对其生产经营没有意义。当然,随着规模的扩大和效益的提高,有些农场意识到会计的重要性,但家庭农场经营者的文化素质较低,缺乏会计知识和相关培训,不具备按照现行企业会计准则等规范进行精确处理的条件,只能对农业活动中的各种耗费和收益进行流水账式的记录和反映。

(二)家庭农场会计处理

家庭农场介于传统农户和农业企业之间的特殊性质决定了其会计处理应在规范化和可操作性上寻求平衡。相较于小农户,家庭农场规模更为庞大,业务更加复杂,管理更为重要,不记账或者流水账难以提供正确的信息。但是,我国人多地少,农业的整体生产力水平还比较落后,加上土地流转制度不完善和限制工商资本进入的政策导向,家庭农场的规模不是很大,发展进程较慢,短期发展方向也并非如美国等高速发展的农场之真正企业化。如果要求家庭农场依照农业企业在《企业会计准则》《农业企业

---

① 孙梦琪. 家庭农场会计处理适度规范的研究. 财务监督,2013(5)

会计制度》《农业企业会计处理办法》等体系下进行核算，设置近百个会计科目，按照生物资产的类型和阶段精细计量，一方面，不符合成本效益原则；另一方面，即使是专业会计人员也难以掌握，农户家庭所拥有的会计知识几乎不可能实现高度正规化。再加上家庭农场仍处于起步阶段，缺乏清晰定义，各地的试点工作也还在进行中。因此，家庭农场的会计处理须从其实际情况出发，有一个循序渐进的过程，既要反映农户经济活动内容，满足自身经济管理的需要，又要从通俗易懂、简便易行出发，即适度规范、灵活多样。

为规范农业企业会计核算，提高农业企业会计信息质量，根据《中华人民共和国会计法》《企业财务会计报告条例》《企业会计制度》以及国家有关法律、法规，结合农业企业的实际情况，制定了《农业企业会计核算办法——生物资产和农产品》和《农业企业会计核算办法——社会性收支》于2005年1月1日起在已执行《企业会计制度》的各农业企业执行。农业企业在执行《企业会计制度》和本办法时，不再执行1993年颁布的《农业企业会计制度》。

1. 现行家庭农场核算模式[①]

（1）"应收家庭农场款"、"待转家庭农场款"、"应付家庭农场款"核算模式。根据《农业企业会计核算办法》规定，对家庭农场核算应设置"应收家庭农场款"、"待转家庭农场款"、"应付家庭农场款"3个总账科目。在总账科目下再按照各单位的实际情况设置二级明细账户及相关的辅助核算。

在该种模式下，"应收家庭农场款"科目下通常设置以下3个科目："应收土地承包费"，"应收垫支成本"，"应收借款"。"应收土地承包费"主要反映团场向承包职工收取的土地承包费；"应收垫支成本"反映团场向家庭农场有偿提供生产资料、生产技术服务、劳力、机力服务等收取的费用。"应收借款"主要用于团场与家庭农场发生的资金"借贷"关系。

---

① 王宏发. 家庭农场核算模式及方法. 新疆农垦经济，2009（10）

"应付家庭农场款"科目主要反映家庭农场上交产品款以及预交的"五保三费"、土地承包费、生产资料款和交售的产品款等。每年期末,通过转账方式,将应收家庭农场款的年末借方余额与"应付家庭农场款"贷方余额相抵,如果是贷方余额则表示应付家庭农场的兑现款。兑现后"应收家庭农场款"、"应付家庭农场款"余额均为零。如果是借方余额,则表示家庭农场经营亏损,在"应收家庭农场款"借方余额反映。

"待转家庭农场上交款"科目专门核算家庭农场"土地承包费"的应收及回收情况,以及企业待结转的应收家庭农场的上缴利润、管理费、福利费及劳动保护费。

(2)"家庭农场往来"模式。在日常核算中,为避免一个家庭农场既有应收又有应付账户,简化核算,部分团场未使用"应收家庭农场款"、"待转家庭农场款"、"应付家庭农场款"科目来核算家庭农场的往来,只设置了"家庭农场往来"科目,科目的借方放映应收家庭农场的款项,科目贷方反映应付家庭农场的款项,年末按余额方向归类,分别列入资产负债表的相应项。

2. 两种核算模式优缺点

利用模式一核算家庭农场往来,一户家庭农场既有应收又有应付账户,核算比较烦琐,但可以清晰反映家庭农场往来的各项内容,方便提取数据,查账;利用模式二核算家庭农场往来,在一定程度上避免一户家庭农场既有应收又有应付账户,简化核算。但是,由于所有的家庭农场往来的经济业务全部集中到一个会计科目中,加之一个生产周期内团场与家庭农场往来发生频繁,在很大程度上给数据查询、生成报表带来了一定的困难。这种核算模式比较适合往来业务较少的农场进行核算。

3. 完善家庭农场会计科目的核算内容

在我国还是以上述模式一为主进行家庭农场的会计核算。从完整反映会计信息的角度考虑,这3个会计科目核算的内容必须作如下调整。

"应收家庭农场款"必须进行三级核算,即在总账科目下按费用项目设置二级科目,再按家庭农场的名称设置明细科目,即设置应收固定上交款、应收投资性借款、应收扶贫性借款、应收垫付款、坏账准备等二级科目。其中，应收固定上交款核算应上交的利润、管理费用等项目，对家庭农场来说，固定上交款都是费用支出，不需细分项目列支。该科目的余额在借方，表示应收未收的"固定上交款"，应与待转家庭农场上交款科目贷方余额相等；应收投资性借款核算农业企业向家庭农场提供生产性设备或物资，家庭农场以产品或现金分期偿还的借款。该科目的余额在借方，表示未到期的投资性借款和到期未偿还的借款，且到期未偿还的借款应按一定比例提取坏账准备。应收扶贫性借款核算农业企业向家庭农场提供的扶贫性借款，核算方法与投资性借款类似；应收垫付款核算企业先行提供生产物资、劳务或借给生产经营用现金，或统一代付应由家庭农场个人承担的社会保障费、保险费等，该科目的余额在借方，表示应收未收垫付款项，应按一定的比例提取坏账准备。年末对应收家庭农场款提取坏账准备，不同款项应按不同比例，且比例应高于应收账款的坏账准备计提比例。

"应付家庭农场款"的贷方核算家庭农场当年上交产品、现金或结转劳务收入在全部偿还当年应偿还的应收家庭农场款后的余额，借方核算家庭农场领取分配款或用于转账支付生产费用、偿还借款、上交固定款项等内容，余额为当年未兑现的分配款或是留存的下年度生产流动资金或储备资金。

"待转家庭农场上交款"专门核算家庭农场"固定上交款"，贷方发生额反映当年应收"固定上交款"总额，借方发生额反映当年实际收到本年度和以前年度的固定上交款的数额。年末贷方余额表示应收未收的固定上交款，应与"应收家庭农场款—应收固定上交款"借方余额相等，本户不允许出现借方余额。

七、家庭农场的税务

《中共中央国务院关于加快发展现代农业 进一步增强农村发展活力

的若干意见》(2013年中央"一号"文件)明确鼓励和支持承包土地向专业大户、家庭农场、农民专业合作社流转。发展家庭农场，是提高农业集约化经营水平的重要途径。从生产实践看，家庭农场既坚持了以农户为主的农业生产经营特性，又扩大了经营规模，解决了家庭经营低、小、散问题，通过适度规模经营，以集约化、商品化促进农业增效、农民增收。

（一）家庭农场的税收政策

现行税收政策中，没有明确的针对家庭农场的税收规定，主要适用的是对种植业、养殖业等行业的税收规定，家庭农场涉及的税收均为免征或不征。但家庭农场的房产及花卉盆景等对外出租取得的营业收入，家庭农场所从事的餐饮服务取得的收入以及为其他单位绿化维护等工程取得的收入均要缴纳相关税收[①]。

1. 货物劳务税

《增值税暂行条例》及其实施细则规定："农业生产者销售的自产农业产品"属免征项目，具体指直接从事"种植业"、"养殖业"、"林业"、"牧业"、"水产业"的单位和个人生产销售自产的初级农业产品。

《营业税暂行条例》规定，农业机耕、排灌、病虫害防治、植保、农牧保险以及相关技术培训业务，家禽、水生动物的配种和疾病防治项目免征营业税。

《财政部国家税务总局关于对若干项目免征营业税的通知》(财税字〔1994〕2号)和《国家税务总局关于农业土地出租征税问题的批复》(国税函〔1998〕82号)等相关规定：对农村、农场和农民个人将土地使用权转让给农业生产者用于农业生产，或将土地承包给个人或公司用于农业生产，收取固定租金，免征营业税、城建税、教育费附加和地方教育附加。农业生产包括农、林、牧、渔。

---

① 周仕雅，林森.家庭农场涉税问题研究.税收经济研究，2013（5）

2. 所得税

《财政部国家税务总局关于农村税费改革试点地区有关个人所得税问题的通知》（财税〔2004〕30号）、《财政部国家税务总局关于个人独资企业和个人合伙企业投资者取得种植业养殖业饲养业捕捞业所得有关个人所得税问题的批复》（财税〔2010〕96号）等文件规定，个体工商户、个人独资企业、个人合伙企业或个人从事种植业、养殖业、饲养业、捕捞业，其投资者取得的"四业"所得暂不征收个人所得税；《企业所得税法》第27条和《企业所得税法实施条例》第86条规定企业从事农、林、牧、渔业项目的所得，可以免征、减征企业所得税。

3. 财产行为税

《中华人民共和国城镇土地使用税暂行条例》及《财政部 国家税务总局关于房产税城镇土地使用税有关政策的通知》（财税〔2006〕186号）规定，直接用于农、林、牧、渔业的生产用地免缴城镇土地使用税。在城镇土地使用税征收范围内经营采摘、观光农业的单位和个人，其直接用于采摘、观光的种植、养殖、饲养的土地，免征城镇土地使用税。

《车船税暂行条例》规定，拖拉机、捕捞（养殖）渔船免征车船税。

《财政部国家税务总局关于农用三轮车免征车辆购置税的通知》（财税〔2004〕66号）规定，对农用三轮车免征车辆购置税。

《契税暂行条例实施细则》规定，纳税人承受荒山、荒沟、荒丘、荒滩土地使用权，用于农、林、牧、渔业生产的，免征契税。

《印花税暂行条例施行细则》第13条规定，对国家指定的收购部门与村民委员会、农民个人书立的农副产品收购合同免纳印花税。

（二）存在的涉税问题分析

1. 税收优惠政策有待明确

目前尚未出台专门针对家庭农场的税收优惠政策，有些税收优惠政策是否适用于家庭农场有待进一步明确。如目前对农民专业合作社的经营用房免征房产税，对农民专业合作社所属，用于进行农产品加工的生产经营用房，按规定缴纳房产税确有困难的，可给予免征房产税的照顾。但对家庭农场的房产税征收问题政策还不清晰，是全部征收还是参照农民专业合作社区分房产性质用途部分免征，尚需进一步明确。

2. 日常税收管理有待规范

现行税收法律法规政策没有关于家庭农场的定义。"家庭农场"既不是行业门类，也不是登记注册类型，从事农、林、牧、渔行业的有某农场、某农庄、某园、某圃等，影响到如何发展和扶持家庭农场、如何将家庭农场引入登记管理等一系列问题。由于农作物有季节性，规模、品种不一样，农作物的价格不一样，产生的经济效益也不一样，定额很难确定。但如不采用定期定额方式，又会增加纳税人的负担。同时，由于家庭农场基本由经营者个人自行建立流水账形式进行核算，没有聘请专业财务人员，也未设置规范的账簿凭证，劳务报酬支出也难以取得有效的"合法凭证"。也基本上无法采用基于互联网络的"自行申报"的税收征管办法。

八、家庭农场的利润分配和扩大再生产

分配是最敏感的环节，而且是决定合作社成败的关键因素，因此本节主要讲家庭农场的分配。

家庭农场要承担生活费用和生产费用两方面的开支。家庭农场作为一个独立生产经营单位，有着两种功能：一是生产，二是生活。因此，家庭农场的收入要用在如下两个方面，即生活费用和生产费用。

在保证生产逐年稳定提高的前提下，家庭农场应尽快达到生产费用自理，同时要达到设备自筹，房屋自建，形成完整的生产能力，不断提高家庭农场的收入水平。因此，家庭农场的收入中，只有生活费用才与传统概念的家庭收入有可比性，也只有这部分收入才能算作个人所得。因此，应该区分生产费用和生活费用。

家庭农场所得收入，是土地资源、设备、人力很好结合起来生产的财富，因此家庭农场的收入不能完全认为是个人劳动所得的收入，应该去除

维持土地生产能力所必需的费用、维持经营者必要的生活费用以及农场发展所需的资金。在抛去以上各项费用后，所余下的生活费用代表着家庭成员的富裕程度，这部分资金供家庭成员自由支配，是农场取得的净收益。

> **链接案例**　众人分粥
>
> 　　有7个人曾经住在一起，每天分一大桶粥。但是，粥每天都是不够的。
>
> 　　一开始，他们抓阄决定谁来分粥，每天轮一个。于是乎每周下来，他们只有一天是饱的就是自己分粥的那一天。后来他们开始推选出一个道德高尚的人出来分粥。强权就会产生腐败，大家开始挖空心思去讨好他，贿赂他，搞得整个小团体乌烟瘴气。然后大家开始组成3人的分粥委员会及4人的评选委员会，互相攻击扯皮下来，粥吃到嘴里全是凉的。
>
> 　　最后想出来一个方法：轮流分粥，但分粥的人要等其他人都挑完后拿剩下的最后一碗。为了不让自己吃到最少的，每人都尽量分得平均，就算不平，也只能认了。从此，大家快快乐乐，和和气气，日子越过越好。
>
> ——作者编写

九、家庭农场的风险控制

农业与工业不同，天然存在着风险高的特征。对于家庭农场而言，随着经营规模的扩大，风险也在相应扩大，必须有一个良好的风险控制体系，重点防控好自然风险、疫病风险、市场风险、制度风险和社会风险五大风险。

（一）自然风险

农业区别于工业的最大风险是自然风险。农业是从自然界获取劳动成果，因此农业基本无法避免自然风险，只能通过避灾救灾减少影响。比如，播种时的干旱少雨，如果没有灌溉，则可能无法播种错过农时；再如，作物生长过程中的冰雹、旱涝、冷热灾害随时会发生，2013年春天的"倒春寒"使陕西苹果开花受冻严重，至少250万亩的苹果产量会受影响；另外，成熟季节的农作物，可能因为冰雹等突然的恶性自然灾害导致产量大幅损失甚至颗粒无收。防范自然风险，虽然国家的政策性农业保险制度还在完善，但已经提供了基本的风险保障，要注意运用好这一政策。同时，还可以考虑农业商业保险。一些农业技术措施也可起到缓解作用，比如近年苹果产区发展较快的防雹网建设，一次性投入较大，但防范冰雹的能力明显提升。

（二）动植物疫病风险

口蹄疫的暴发可能导致养殖场的偶蹄动物整体死亡或者被国家强制扑杀，对生猪、牛羊养殖威胁很大，必须以最严格的措施防范。至于一般的动物常见疫病，往往也会造成动物死亡或者商品性丧失。再如，小麦、玉米的流行病害或容易暴发的虫灾，往往会导致产量极大的损失，像这两年正在严重发生的小麦吸浆虫、玉米黏虫等，防控不及时，产量损失极大。在动植物疫病风险的防控上，主要是严格的技术管理和持之以恒的严密防控心态，一旦出现麻痹，往往付出惨痛代价。这两年讲的养殖企业"拼管理"，其实主要是技术管理，疫病损失越少，养殖效益才能越好，就像足球场上比的是谁的失误少。

（三）市场风险

市场风险不论工业农业均要面对，但农业的市场风险更残酷，这是因为农产品的一些特殊属性决定的。由于农产品多为鲜活农产品，所以保质期十分短暂，必须在收获时节的极短时间内出售，否则可能腐烂变质一文不值。即使那些保质期长的农产品与工业品的保质期相比，也是差距甚远。于是就形成了农产品常见的难卖问题，一到集中收获季节，往往量大价跌，供大于求，不仅效益下降，而且浪费惊人。应对市场风险，一方面，要重视农产品市场分析，避免陷入"丰收陷阱"；另一方面，要加强生产的组织化程度，通过行业协会、订单农业、合作社联合等方式，稳定市场，畅通产后渠道，保障收益。

（四）制度风险

制度风险是系统性的，家庭农场个体一般无法应对，常见的就是政策的变动。比如，在前些年政策还比较宽松的时候，畜牧养殖场是可以建在基本农田的，当地的政府也是允许的，甚至还有鼓励政策，但随着国家土地政策的日趋严厉，基本农田的畜牧养殖场是不允许建立的，已经建立的只有拆除，这个损失对养殖场显然是巨大的；再比如，一些地方为发展地方经济而鼓励的小型产业项目，承诺有优惠政策，也宣布有订单保障，但往往随着地方领导变迁，可能人走政息，政策难以落实，订单更无从谈起，参与项目者损失惨重。应对制度风险，需要家庭农场的负责者重视地方产业政策的研究，摆正经营思想，科学选择产业，避免因一时投机取巧而付出沉痛代价。不过，正常的国家优惠政策是应该积极争取的，这是应得的国民待遇，不应拒之不理。

（五）社会风险

这个风险过去叫农民的道德风险，是由于农民对于市场经济规则的不懂不问、不遵不守而引发的，常见的是土地流转纠纷。对多数的家庭农场而言，自有土地是少数，更多的土地靠流转，而经营农业的人都知道，土地经营权的长期稳定是投资农业的首要前提。在实际中，因为种种原因，农民突然违约强行收回流转土地的情形屡见不鲜，并引发严重社会事件。最一般的结局往往是当地政府为维稳大局而对农民息事宁人，使规模经营者蒙受损失。更有严重的，农民在规模经营者经营状况明显改观之际，公然哄抢或破坏，更是法难责众。应对这一风险，要学会同农民打交道，多从农民的角度考虑问题，在长期的土地流转合同上要留给农民3~5年调整一次流转租金的机会，主动协调，避免被动；同时，要善于运用流出土地农民的剩余劳动力，给他们就业机会，重视社会沟通，减少抵制情绪；还要注意乡村党政力量的沟通，力求矛盾发生时的公正评判。

十、家庭农场的可追溯体系

（一）建立家庭农场可追溯体系的意义

近几年，全国各地纷纷出现各种食品安全事件。2013年，恒天然集团奶粉中检出肉毒杆菌、沃尔玛"挂驴头买狐狸肉"、台湾牛奶被检含避孕药、台湾在食物中发现"毒淀粉"顺丁烯二酸事件、湖南一些大米镉含量超标，给人们的生活带来非常大的不安全感。食品安全成为国人最为关注的公共事件。大家都希望找到一种能够比较彻底的提高农产品食品安全的途径。建立农产品可追溯体系被公认为是一种有效的监督手段。

什么叫做"农产品可追溯"？简而言之，如果一种食品是可追溯的话，那么我们在农产品从农田到餐桌的供应链上的任何一个阶段都可以知道这种食品是谁生产的，在什么地方（地块或大棚），生产过程中使用了哪些投入品？这种可追溯体系把生产者的责任和消费者的担心联系起来，使得消费者可以充分了解这些农产品是否按照符合安全的方法生产的，从而买得放心，吃得放心。

一些发达国家早已开始通过立法的方式推广农产品可追溯体系，目的是提高这些国家农产品和食品的安全性[1]。2002年，美国国会通过"生物反恐法案"，提出"实行从农场到餐桌风险管理"。这些国家对食品安全实行强制性管理，要求企业必须建立产品可追溯制度。2005年1月，欧共

---

[1] 国际标准化组织(ISO)和欧共体管理法规(178/2002)的将食品可追溯体系定义为"在生产、加工及销售各个环节中对食品、饲料、食用性动物及有可能成为食品或饲料组成成分的所有物质追溯或追踪能力"

体制定新的法规，要求在欧盟内销售的牛肉制品和生鲜水果、蔬菜都必须具备食品可追溯功能，以保证饮食安全。同时，要求出口到欧盟肉类产品从2005年1月起，必须具备可追溯功能，否则不允许上市销售。此外，还禁止不具备可追溯性的食品进口。挪威对食品实行产品跟踪标签制。自2003年起，市场所有零售食品均将实行产品跟踪标签制，除规定农药残留等可测量技术性指标，在食品生产环境等方面提出最广泛要求。日本建立强制性可追溯体系，要求本国所有牛肉制品从农场到餐桌全程跟踪[①]。笔者在日本参观的时候，看到进入市场销售的蔬菜水果箱子上都标有家庭农场的名称和生产日期、农药花费投入记录等，为的就是让消费者放心，如果出现问题，肯定能找到生产者，其实这就是一种可追溯体系。

我国消费者不仅要吃饱，更加要吃好，吃得健康。多年实践证明，农产品质量安全管理需要建立长效机制，需要落实责任管理，建立农产品质量安全追溯系统。这既是构建农产品安全管理长效机制的重要内容，又是落实责任管理的重要保障，同时也是发达国家的通行做法和发展趋势。作为家庭农场而言，比小规模农户具有优势的一点就是注重产品质量和品牌声誉，而且确实能够为自己的产品给出来源。由此建立农产品可追溯体系成为家庭农场的更高层次的目标，也是农场管理和产品营销的"题中之意"。

好多家庭农场都有建立农产品可追溯体系的意愿。但是，根据我们的经验，并不是想做就可以做成农产品可追溯体系。因为，建立起"严格的"农产品可追溯体系需要具备一定的外部条件和内部条件。

现在，外部条件基本落实，内部条件就显得非常有必要了。首先，家庭农场要具备超前意识。明白建立可追溯体系的意义，愿意付出成本和时间去建立自己的产品可追溯体系。其次，产品品种相对集中，如果产品品种过多，在运输、加工、包装等各个环节需要增加很多工作，成本增加了，监管的难度也提高了。

---

① 周莉，刘明春. 食品可追溯体系研究现状. 粮食与油脂，2008（7）

（二）建立家庭农场可追溯体系步骤

农产品可追溯的关键在于认真记录同农产品生产有关的信息，需要把播种、灌溉、施肥、打农药、收获等相关不漏地信息记录下来，建立每种农产品的档案，从而保证随时可以查到任何环节的存档记录。

1. 地块编号

为了使农事记录同地块或者大棚能够联系，我们需要对家庭农场的地块或大棚进行编号。编号码的意义同给人取名一样，使地块与地块，大棚与大棚之间能够区别开来。编号以后，大棚可以用比较牢固的材料挂在大棚入口处，也可以用油漆直接写在塑料大棚上。地块的编号是需要制作牢固的标识牌，不同的是插在地块的前面。

农田可追溯体系编号方法必须统一，采用两组代码。第一组是家庭农场代码，第二组是地块或大棚代码。家庭农场代码在最前面，我们建议用拼音字母的第一个字。比如，山东锦绣果树家庭农场，可以写成SDJX。地块或大棚编码写在后面，建议用4位阿拉伯数。譬如编号1的大棚或者地块可以使用0001，编号第101号就可以写成0101（图4-1）。完整的农田可追溯体系编号如下：

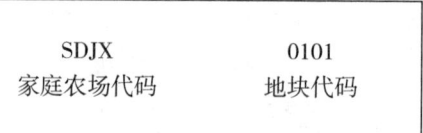

图4-1 农田可追溯体系编号

上述工作完成以后，家庭农场可以开始对编号进行登记，登记内容包括：①大棚或者地块家庭农场名字；②种植农产品的品种；③以及其他信息，譬如该土地从哪一家流转过来的，或者以前种植过什么农产品等如表4-1所示。

表4-1　合作社农产品可追溯登记表

编号	地块/大棚编号	责任者姓名	联系方式	种植品种	备注
1	SDJX1001	张锦绣	13610173251	红富士苹果	
2	SDJX1002	张锦绣	13610173251	红富士苹果	
3	SDJX1003	张锦绣	13610173251	红富士苹果	地块从李为民处流转
4	SDJX1004	张锦绣	13610173251	红富士苹果	
5	SDJX1005	张锦绣	13610173251	红富士苹果	
6	SDJX1006	张锦绣	13610173251	嘎拉苹果	
7	SDJX1007	张锦绣	13610173251	红富士苹果	

资料来源：作者设计

从事农产品可追溯性工作必须注意：不允许把可追溯性体系以外的农产品混入可追溯农产品当中来。

2. 农事记录

所谓农事记录，就是把同大棚内或者地块中的同农产品生产的所有的相关情况记录下来。虽然听上去做这项工作非常烦琐，实际操作起来却相当简单，就是所谓的记流水账。其实，我们生产农产品的时候，并不是每日都在施肥打药，仅仅把这些农事记录下来，每月没有几行。关键是需要事先设计出简单实用的记录表格。

种植业农事记录表包括：①工作编码：工作编码是指对每项农事活动进行编号。为了方便使用，建议在制表的过程中直接编码。②日期：日期指的是农事活动的日期，如果同一天从事多件农事，可以记录在同一行内。③使用农药：每次使用农药必须记录。记录内容包括使用农药的品名、剂量以及对水的浓度。由于不同厂家的农药配方存在差异，需要在备注中写明农药生产厂家、批号等内容。④使用化肥：每次使用化肥都需要记录。记录内容包括肥料的名称、用量以及施用方式。⑤使用除草剂：每次使用除草剂也都需要记录。记录内容包括肥料的名称、用量以及施用方式。⑥其他农田活动：农业生产是相当复杂的，我们不可能把所有的农事都列在表格上，因此使用专门的"其他农事"。凡是使用农药、化肥、除草剂以外的农事都可以记录在"其他农事"的列内。这些农事包括：灌溉、套袋、收获、使用激素等。农民专业合作社在培训的过程中需要根据实际情况做出规定。⑦备注：备注用来记录预先没有想到，但同农产品的可追溯有关的事情。

不同农户之间存在意识差异。为了确保记录工作做好，农民专业合作社必须指定专人来负责这项工作，也可以请在校的大学生或者研究生来承担这项工作。负责人需要经常对农户进行访问，检查他们的农事记录，发现问题及时纠正。监管人员在检查农事记录后，登记检查日期，以备核查。

为方便读者，我们设计了种植业农事记录表。需要说明的是，不同农作物之间的差异很大，因此，农民专业合作社需要根据自己的实际情况，对这个表格进行加减（表4-2）。

表4-2 种植业农事记录表

家庭农场名称		大棚地块编码		监管人姓名		检查日期			
工作编码	日期		使用农药		使用化肥		使用除草剂		其他农事（包括灌溉、套袋、收获等）	备注
	月	日	品名	用量	品名	用量	品名	用量		
1										
2										
3										
4										

资料来源：作者根据实践经验编写

3. 农产品收获

完成一件工作需要经历很多步骤，不同步骤对结果成功与否的影响力度是不相同的。有些步骤属于关键步骤，所谓"纲举目张"，一旦出现问题，"一着不慎，满盘皆输"；然而有些不重要的小步骤，即使出现些小问题，也可以纠正，或者后来补过。我们把这些关键的步骤点称为控制点。在农产品种植过程中，家庭农场按时记录是农产品可追溯体系在生产阶段的控制点。农产品收获的过程中，在采摘筐上贴标签，不混淆从不同田块收获的农产品也是控制点。

4. 运输

从田头到加工车间之间有一定的距离，采摘的农产品需要运输到车间加工。短途运输的关键是不让水果或蔬菜框子上的吊牌掉落。一旦发现吊牌遗失的情况，需要及时补上。

5. 加工车间收货

加工车间需要填写收货单。收货单必须分地块或者大棚填写。内容包括：①编码；②家庭农场名称；③收货日期；④品名；⑤是否有吊牌；⑥送货编码；⑦总重；⑧其他；⑨收货者签名，如表4-3所示。

表4-3 农产品可追溯体系加工车间收获表

编码	家庭农场	收货日期	品名	是否有吊牌	送货编码	筐袋数	总重（千克）	其他	收货者签名
1									
2									
3									
4									

资料来源：作者根据实践经验编写

很多农产品收获后需要储藏，以备长年供货。因此，这类农产品收货以后，必须存放在大的储存箱中，放入冷库，等到发货的时间才拿出来分级包装。

6. 分级和包装

对已经建立农产品可追溯体系的产品，第一种是直接对农产品进行分级，第二种情况是对存储在冷库内储存箱中的农产品进行分级。无论哪一种分级，都必须对不同地块或大棚的农产品分别进行分级，以免混淆。

分级包装完成后，农产品的可追溯码后面就增加了有关加工信息的代码，即加工代码。加工代码由3段组成：①代码名称，这里用JG，即"加工"拼音的第一个字母；②批次，即当日加工的批次，建议用4位阿拉伯数字；③加工日期。如果是2010年10月30日加工的第10批次的农产品，可以写成：JG 0010 10 10 30。生产代码加上加工代码，就成为完整的农产品可追溯代码。加工代码可以用粘贴纸贴在装货的纸箱外（筐上挂标签），完成后需要立即登记。

7. 发货

家庭农场接到超市、酒店、经销商的订单后，需要准备发货。与农产品可追溯体系有关的发货工作有两部分。一是在包装箱或者装货筐上面贴上农产品可追溯条码，二是把农产品可追溯相关的信息传送给超市。

为了确保可追溯的可靠性，所有的存放农产品的包装箱（筐）上都必须贴有农产品可追溯代码的标签。标签必须粘贴（挂在）在规定的和容易辨认的位置。标签内容包括：①产品品名；②规格；③家庭农场名称；④农产品可追溯码；⑤发货地点；⑥发货日期。我们以山东锦绣果树农民专业合作社给家乐福超市上海物流配送中心配发苹果为例，如图4-2所示。

产品品名：红富士苹果
等级：1级；规格：80#
发货单位：山东锦绣农民专业合作社
可追溯码：SDJX 0101 10 11 01 JG 0010 10 10 30
发货地点：上海市 XXXXX
发货日期：2010年11月1日

图4-2 可追溯农产品发货标签

在准备发货的同时，农民专业合作社需要把登记的发货信息发送给超市的物流配送中心。相关的信息填在表格内，以传真或其他方式发送给超市。表格的设计可以参考表4-4所示。

表 4-4　农民专业合作社可追溯信息表

批次	品名	等级	规格	可追溯编码	箱筐数(只)	总重(千克)	备注
1							
2							
3							
4							
合计							

资料来源：作者根据实践经验编写

8.配送

农民专业合作社的加工车间到超市的物流配送中心之间的距离，需要通过长途货运来解决。最好的方案是合作社有自己的货运卡车。可在起步阶段，一般的合作社不太可能有足够的经济实力来购置货运卡车，主要还得依靠专业的物流公司。

需要注意的是，同普通的农产品相比较，建立可追溯体系的农产品在生产过程中往往投入的人力和物力大，成本高。为了避免运输过程中无谓损耗和意外状况影响农产品的质量，家庭农场应该尽可能寻找注册资本大、信用度高，运输经验丰富的物流公司。

在农产品装车的时候，需要把同一个可追溯编号的农产品集中在一起，以便于在卸货的时候也可以集中，减少采购商挑选货物的时间。因为超市、采购商需要给农产品做小包装，并在包装上打上可追溯编码，以便顾客查询。

家庭农场需要准备货物清单两份，一份由货运卡车驾驶员转交给超市物流配送中心的收货员，另一份贴在开门即可见到的货物纸箱上。这份清单将跟随货物，直接张贴在库房货堆上，提供给开箱分装人员使用。货物清单的格式与上表基本相同。

9.交付

货物交付装货卡车到达超市、采购商的物流配送中心后，由司机把《订单确认表》《装货确认表》以及上文提到的货物清单交给物流配送中心的收货员，然后收货人员验收货物。收货员在收货单上签字以后，整个从田头到市场物流配送中的农产品可追溯体系程序宣告完成。

"农超对接"农产品可追溯体系的整个流程可以参考图4-3所示。

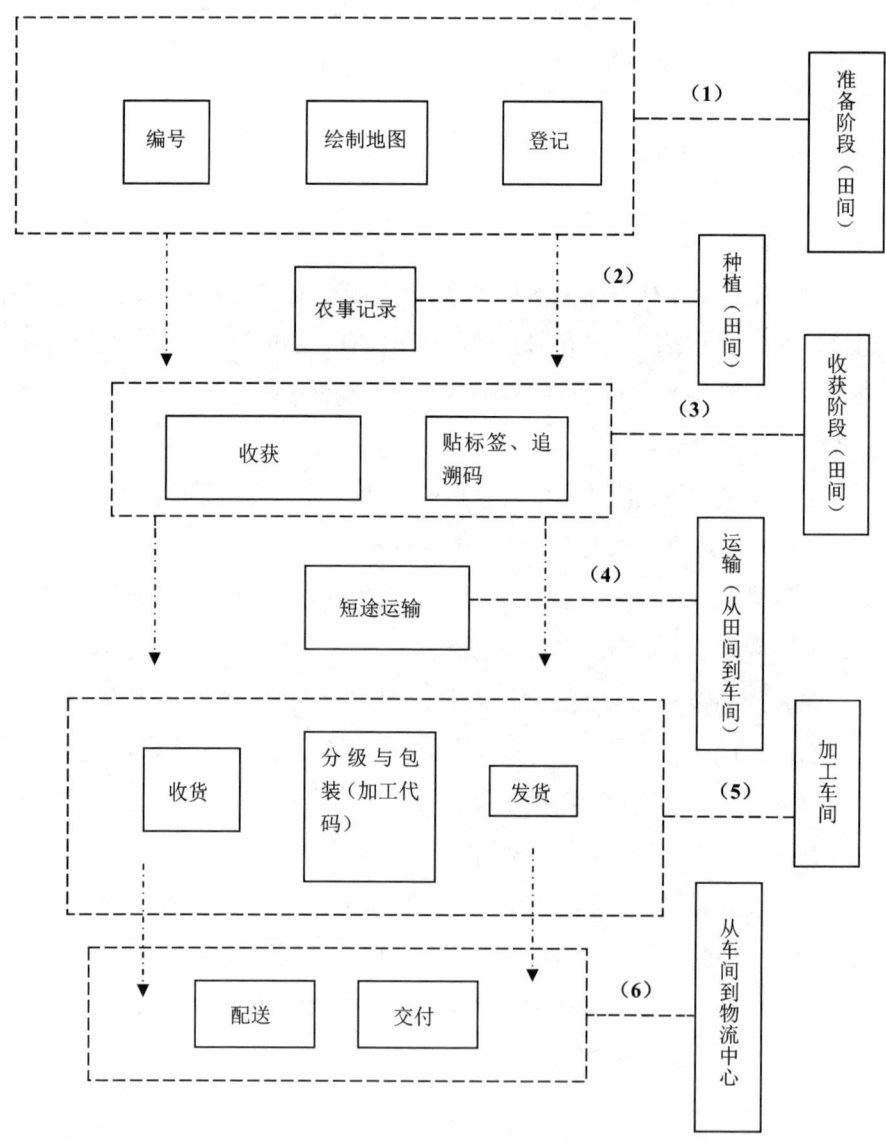

图4-3 蔬果类农产品可追溯体系全过程图

> **链接案例**　廊下草莓有了"身份证"

上海市金山区果园引进可追溯系统,廊下草莓有了"身份证"(草莓也有自己的"身份证")。近日,在金山区廊下镇的金果果蔬种植专业合作社,记者拿起手机,扫描其中一个草莓包装盒上的二维码,通过网上的上海市农产品可追溯平台,可以轻松查到"JG00321-121号棚(连栋棚)"、"农户邵彬(联系电话)"、"金果果蔬种植专业合作社"等农产品相关信息。

邵彬是这家果蔬种植专业合作社的负责人,他说,"统一的二维码可追溯系统,能让消费者吃到放心安全的农产品。"据介绍,该专业合作社的草莓,前几年已通过农产品的无公害和绿色认证。这次由政府牵头的草莓可追溯平台建设,是该合作社草莓标准化技术生产的延续和升级。

由于金果果蔬种植专业合作社栽种的草莓严格按照标准化技术生产,生产的草莓鲜美红嫩、质量有保证,所以,每斤售价40元左右,还供不应求。据统计,2013年金果果蔬种植专业合作社销售收入达150万元;仅2014年春节期间,农产品销售收入就达3.5万元。他们的"鑫品美"品牌,也成为金山区草莓品牌整合的一块"金字招牌"。

目前,金果果蔬种植专业合作社现种植着红颜、章姬、枥乙女等多个草莓品种。和以往靠外地育苗不同的是,2014年他们已开始自己小规模育苗了,他们说将来还会继续扩大育苗规模。技术人员还说,这里的草莓品种目前还都是"舶来品"。时下,自主研发新的草莓品种,逐渐成为市场所需。未来合作社的草莓品种,他们打算自己组培。

沿着种植基地里的一条400米的主干道前行,两旁大棚内栽种的各个品类的草莓,正一茬接一茬的生长。现在,这里一共有100多个连栋大棚和1个草莓采摘玻璃温室。草莓采摘玻璃温室内,立架栽培草莓和盆栽草莓不仅供观赏,采下来的草莓还能直接品尝。"盆栽草莓也能自己带回去欣赏，一盆20元。"这里的工作人员说。

位于基地西侧的，是标准化水产养殖场，养殖特色鱼类、小龙虾等，鱼塘周围的小木屋目前已基本建成，游客可在小木屋旁垂钓休闲。"周末来这里玩的人很多，"邵彬告诉记者，游客不仅能在这里吃草莓、买草莓，还能休闲疗养、放松自我。

——上海市人民政府网，2014-02-18

十一、农产品"三品一标"认证

民以食为天，食品安全一直是民生关注的热点。随着消费者对安全优质农产品的需求增加，家庭农场迎来迅速发展的时机。家庭农场保证农产品生产质量，不仅可以促进农场增效、家庭增收，而且有助于自身的可持续发展。家庭农场具有提高农产品质量安全的经济动力，也具有提升农产品质量的条件。进行农产品的农产品"三品一标"认证是农产品标准化、家庭农场进行绿色管理和绿色营销的重要措施。家庭农场作为新型农业经营组织被提出后，我国不少地区也出台政策鼓励和支持家庭农场基础设施建设，引导家庭农场加强农产品质量安全建设，鼓励和引导家庭农场申请无公害农产品、绿色食品、有机食品认证和使用农产品地理标志。如重庆市梁平县工商局出台政策，对家庭农场申报无公害农产品、绿色食品、有机食品、农产品地理标志，给予5 000~20 000元的奖励。

"三品一标"认证是指无公害农产品、绿色食品、有机农产品和农产品地理标志。通俗一点说就是，农产品地理标志主要说明农产品来源于特定地域。无公害农产品、绿色食品、有机食品都是经质量认证的安全食品；无公害农产品是绿色食品和有机食品发展的基础，绿色食品和有机食品是在无公害农产品基础上的进一步提高；无公害农产品、绿色食品、有机食品都注重生产过程的管理，无公害农产品和绿色食品侧重对影响产品质量因素的控制，有机食品侧重对影响环境质量因素的控制。

> **链接案例** 西瓜圣女果先后获得国家级省级地理标志保护
>
> 　　初冬的平度大地，一派热气腾腾。玉米地里满眼金黄，过冬的小麦刚刚长出新绿。从明村镇政府驻地出发，沿804省道向西南方向行驶大约6千米，道路南侧一个巨大的钢铁门架映入眼帘，门楣上"大黄埠"三个字在暖阳照耀下闪闪发亮。在前不久举行的第九届中国国际农产品交易会上，平度市明村镇"大黄埠"樱桃番茄荣获金奖，这是"大黄埠"樱桃番茄（俗称圣女果）继今年7月份入选山东"十大地理标志产品"后获得的又一殊荣。
>
> 　　2010年，山东省青岛市农民人均纯收入首次突破1万元，而大黄埠村村民达到2.1万元。这个只有286户人家的小村庄，除了樱桃番茄，还有"大黄埠"西瓜也获得国家地理标志保护，成为全国唯一获此殊荣的村庄。大黄埠村民知道，这都是沾了特色农业的光。
>
> ——作者改编自：西瓜圣女果先后获得国家级省级地理标志保护. 青岛晚报，2011-11-14

（一）建立地理标志农产品注册

　　农产品地理标志，是指标示农产品来源于特定地域，产品品质和相关特征主要取决于自然生态环境和历史人文因素，并以地域名称冠名的特有农产品标志。此处所称的农产品是指来源于农业的初级产品，即在农业活动中获得的植物、动物、微生物及其产品。地理标志，就像是涪陵榨菜、金华火腿、奉节脐橙一样，一看到农产品让人想到某一具体的生产地区，这一地区决定了产自该地的产品所具有一些风味独特、广受欢迎的特质。

农产品的品质和声誉来自该地。这些品质是由产地决定的，因此，产品与原产地之间存在一种特有的规定"联系"。因为家庭农场一般是生产食品的初级产品，所以可以获得农产品的地理标志。

根据我国《农产品地理标志管理办法》规定，如果家庭农场想要获得农产品地理标志，应该去省级人民政府农业行政主管部门进行登记申请。

消费者把地理标志理解为代表产品原产地和品质的标记。许多地理标志已获得了富有价值的声誉。如果不对其加以适当保护，那么从事不正当商业行为的人就可能从中进行鱼目混珠。未经授权的当事方以虚假方式使用地理标志的行为，有损于消费者和合法生产者。消费者会受到蒙骗，误以为他们所购买的是具有特殊品质和特点的真货，而实际上他们所购买的是一种毫无价值的赝品。合法生产者也会蒙受损失，因为别人抢走了他们有价值的生意，同时也损害了其已得到公认的产品声誉。

第三篇中讲的商标是企业为使其商品和服务有别于其他企业所使用的一种标识。商标注册人具有排除他人使用该商标的权利。而地理标志则是告诉消费者一件产品是在某地生产并具备某些与该生产地有关的特性。在地理标志所指的地方生产其产品，并且其产品共有特殊品质的所有生产者均可使用这一地理标志。地理商标一般在一定的地区内生产特点农产品的商户都可以使用。

| 链接案例 | 涪陵榨菜的农产品地理标志 |

重庆市的涪陵榨菜已有上百年的历史，2000年，涪陵榨菜行业

管理办公室注册了涪陵榨菜商标。当时，当地作为榨菜原料的青菜头种植面积为27万亩，产量43万吨，产业产值4亿多元，利税不足2 000万元。8年后的今天，涪陵榨菜的发展和影响力已今非昔比。统计数字显示，截至2007年，涪陵区的青菜头种植面积及产量虽只扩大了一倍多，但整个榨菜产业的总收入上升到20多亿元，利税超过4亿元。重庆市工商局涪陵区分局负责人认为，商标这笔无形资产在推动榨菜产业发展中所起的作用不可小觑。

在日新月异的数字背后，还有涪陵榨菜产业的上档升级。在审批地理标志使用权限的过程中，当地工商部门制定了严格的使用标准。凡申报使用地理标志的产品，不仅要保证原产地在涪陵，而且还必须符合生产和卫生标准。涪陵区工商分局严格商标监管，促使涪陵区榨菜基地生产条件明显改善。

为了能够用上涪陵榨菜这块金字招牌，当地榨菜生产企业纷纷加大技改资金投入，部分企业还引进了自动淘洗、切块、自动脱水、无菌包装等先进生产设备。到2008年6月，涪陵区使用涪陵榨菜证明商标的企业已达30多家，通过国际质量体系认证的榨菜生产企业超过10家。其中，涪陵榨菜集团的电子自动化、现代化程度达到国内领先水平。成功注册地理标志以后，涪陵深度推进品牌战略，利用各类媒介广泛宣传，涪陵榨菜的销售空间扩大。原来只在农贸市场出售的低价货，现在昂首步入各大超市、商场，部分出口到国外市场。

不仅如此，在集体商标的基础上，又先后涌现出了乌江驰名商标和辣妹子等一大批榨菜品牌。与之相反，一些由于生产条件差而没能拿到商标使用权的企业，却因销路不畅而被淘汰出局。几年时间内，先后有近40家小厂退出市场。

——作者改编自：地理标志使用缘何冰火两重天——来自重庆市农产品地理标志的调查.中国工商报，2008-07-03

（二）无公害农产品如何认证

家庭农场在交易活动中，产品质量是关键。但要保证农产品的质量，就应对农产品的生产和流通制定相应的种植标准和操作规范，形成一整套农产品标准体系作为农产品流通的"通行证"。这样既可以减少交易环节，还可建立追溯体系，保障农产品的质量安全。可是，目前由于受农产品的品种繁多、生产分散和技术落后等因素的影响，我国农产品还没有形成完善的标准体系，直接影响农场的市场开拓。

无公害农产品与绿色产品和生态产品相比，是最低的一个等级认证，但也是农产品质量安全管理的重要内容。无公害食品是按照相应生产技术标准生产的、符合通用卫生标准、并经有关部门认定的安全食品。严格来讲，无公害是食品的一种基本要求，普通食品都应达到这一要求。其中的农药残留、重金属、亚硝酸盐等有害物质的含量都应控制在国家允许的范围内，人们食用后才不会对健康造成危害。家庭农场按照无公害农产品生产质量控制措施，从组织领导、技术措施、投入品管理、产地保护和产品检测等多个方面，严格按无公害农产品技术规程进行操作，使产地环境和产品达到了真正意义上的无公害农产品，这是家庭农场开始进行绿色管理和绿色营销的起步条件。

农产品质量认证始于20世纪初美国开展的农作物种子认证，并以有机食品认证为代表。到20世纪中叶，随着食品生产传统方式的逐步退出和工业化比重的增加、国际贸易的日益发展以及食品安全风险程度的增加，许多国家引入"农田到餐桌"的过程管理理念，把农产品认证作为确保农产品质量安全和同时能降低政府管理成本的有效政策措施。于是，出现了HACCP（食品安全管理体系）、GMP（良好生产规范）、欧洲EurepGAP、澳大利亚SQF、加拿大On—Farm等体系认证以及日本JAS认证、韩国环境农产品认证、法国农产品标识制度、英国的小红拖拉机标志认证等多种农产品认证形式。我国农产品认证始于20世纪90年代初农业部实施的绿色食品认证。2001年，在中央提出发展高产、优质、高效、生态、安全农业的背景下,农业部提出了无公害农产品的概念,并组织实施"无公害食品行动计划",各地自行制定标准开展了当地的无公害农产品认证。在此基础上,2003年,实现了"统一标准、统一标志、统一程序、统一管理、统一监督"的全国统一的无公害农产品认证。20世纪90年代后期,国内一些机构引入国外有机食品标准,实施了有机食品认证。有机食品认证是农产品质量安全认证的一个组成部分。另外,我国还在种植业产品生产推行GAP(良好农业操作规范)和在畜牧业产品、水产品生产加工中实施HACCP食品安全管理体系认证。

通过无公害农产品认证,采取产地认定与产品认证相结合的模式,运用了从"农田到餐桌"全过程管理的指导思想,强调以生产过程控制为重点、以产品管理为主线、以市场准入为切入点,就可以一方面保证百姓日常生活中离不开的"菜篮子"和"米袋子"产品的消费安全;另一方面,由于这个认证推行"标准化生产、投入品监管、关键点控制、安全性保障"的技术制度,从产地环境、生产过程和产品质量3个重点环节控制危害因素含量,保障农产品的质量安全促进农产品质量提升,能够获得购买方的青睐和价格方面的优惠。

要想获得无公害农产品认证,家庭农场应该作为申请主体,具备国家相关法律法规规定的资质条件,具有组织管理无公害农产品生产和承担责任追溯的能力。申请人可以直接向所在县级农产品质量安全工作机构(简称"工作机构")提出无公害农产品产地认定和产品认证一体化申请。

链接案例　河南省焦作市民办家庭农场　种植绿色无公害农作物

河南省焦作市民申芳流转500亩土地办家庭农场,种植绿色无公害农作物、养土鸡,还引进了大批改善生态环境的稀有树种。一年前,申芳还是一个企业的职工,在城市中过着安定的生活。

2013年春节,开办企业的父亲给了34岁的申芳1 000万元,让她彻底改善一下自己的生活。拿到1 000万元后，申芳的心"嘣嘣"跳了多日。这么多钱该咋花？后来申芳与丈夫商量，提出想回老家承包一块地，种些绿色无公害农作物。对于她的这一想法，丈夫非常支持。

春节过后，申芳两口带着儿子，回到老家武陟县嘉应观乡西营村流转了500亩地，办起了家庭农场。看着500亩土地，申芳就琢磨，仅凭种植无公害的绿色农作物，能吃得到的毕竟只是少数人，树能净化空气，改善生态环境，让更多的人受益。主意已定，申芳开始在网上查阅对环境改造作用最有益的树种。"红豆杉能够常年强力'吸尘'，更利于减少PM2.5。"了解到红豆杉对环境的重大价值，今年春季，她投资100万元，引进了5万株红豆杉幼苗。

此外，她还引进了香樟树、白皮松、美国蓝杉等树种。"如果这些树种能移植成活，将会使这里的生态环境得到明显改观。"申芳说。

——作者改编自：河南日报，2013-12-20

（三）绿色农产品如何认证

绿色食品，是指遵循可持续发展原则，按照特定生产方式生产，经专门机构认定，许可使用绿色食品标志，无污染的安全、优质、营养类食品。

家庭农场应该在生产、加工过程中按照绿色食品的标准，禁用或限制使用化学合成的农药、肥料、添加剂等生产资料及其他可能对人体健康和生态环境产生危害的物质，并实施"从土地到餐桌"全程质量控制，"安全、优质、营养"的理念，体现的是绿色食品的质量特性。这不仅是获取高端市场订单的敲门砖，而且也是获得可持续经营的主要条件。

绿色食品标志是中国绿色食品发展中心在国家工商行政管理总局商标局注册的证明商标。受《中华人民共和国商标法》保护，中国绿色食品发展中心作为商标注册人享有专用权，包括独占权、转让权、许可权和继承权。未经注册人许可，任何单位和个人不得使用。

绿色食品分为A级和AA级，AA级绿色食品与有机食品遵守相同的原则和标准。自然资源和生态环境是食品生产的基本条件，由于与生命、资源、环境相关的事物通常冠之以"绿色"，为了突出这类食品出自良好的生态环境，并能给人们带来旺盛的生命活力，因此将其定名为"绿色食品"。

无污染、安全、优质、营养是绿色食品的特征。无污染是指在绿色食品生产、加工过程中，通过严密监测、控制，防范农药残留、放射性物质、重金属、有害细菌等对食品生产各个环节的污染，以确保绿色食品产品的洁净。绿色食品的优质特性不仅包括产品的外表包装水平高，而且还包括内在质量水准高。产品的内在质量又包括两方面：一是内在品质优良，二是营养价值和卫生安全指标高。

为了与普通食品区别开，绿色食品由统一的标志来标识。绿色食品标志由特定的图形来表示。绿色食品标志图形由三部分构成：上方的太阳、下方的叶片和蓓蕾，象征自然生态；颜色为绿色，象征着生命，农业、环保；标志图形为正圆形，意为保护、安全。整个图形描绘了一幅明媚阳光照耀下的和谐生机，告诉人们绿色食品是出自纯净、良好生态环境的安全、无污染食品，能给人们带来蓬勃的生命力。绿色食品标志还提醒人们要保护环境和防止污染，通过改善人与环境的关系，创造自然界新的和谐。

链接案例　吉松岭绿色有机食品的故事

经专家考证，南城子古城遗址是金代投下军州凤州城兵家之地，已有千年历史。古城周围的草炭土据说是草料长时间的腐殖作用而成，其富含大量有机质和腐殖酸，对各种作物能长时间提供丰富的营养，并起到施肥、保温、疏松土壤的多重功效。这片肥沃的土壤在多处流淌的泉水浇灌下，长出口感好，营养丰富的农作物。

吉林省松原市长岭县前进乡农民企业家徐兴库巧妙借助当地生态优势，打造绿色有机食品生产基地，带领农民走上致富路。

现今已经过了而立之年的徐兴库，初中毕业后当过兵，开过炼钢厂，2004年接替父亲的砖厂。一路走来，虽体会到了创业的艰辛，他却把发展眼光盯在绿色有机食品上。由于土质特点，家乡的农产品远近闻名，尽管销路好，却没形成统一的规模，农民们难以卖上好的价钱。2011年，徐兴库在自己的承包地里试种了4公顷的有机小米，并获得了成功。2012年，在相关部门的帮助下，成功申报前进乡小米为"吉松岭"牌绿色小米商标，并通过了国家绿色食品发展中心认证。徐兴库利用这个有利时机，决心发展集生产、加工、销售为一体的绿色食品开发公司，积极发展特色农业。在他的努力下，吉松岭绿色有机食品开发有限公司诞生了。在公司倡导下，建立农户合作社的模式。2013年，30户农民的40多公顷耕地变成了公司的原粮基地，以省有机食品公司的技术为依托，农民完全按公司提供的种子、肥料、技术进行科学种植，这样既保证了公司的原粮供应，又增加了农民的收入，成了远近闻名的绿色有机食品。

——作者改编自：吉松岭绿色有机食品，http://blog.sina.com.cn/u/3290951207

（四）有机食品如何认证

食品安全等级最高的是有机食品，如有可能，家庭农场应该拥有有机食品的认证。在消费者追求食品安全的今天，这无异于拿到了进入高端市场、制定高价格的"市场入场券"。

有机食品是指来自于有机农业生产体系的食品，有机农业是指一种在生产过程中不使用人工合成的肥料、农药、生长调节剂和饲料添加剂的可持续发展的农业，它强调加强自然生命的良性循环和生物多样性。

为促进食品安全，保障人体健康，防止农药、化肥等化学物质对环境的污染和破坏，由通过资格认可的注册有机食品认证机构依据有机食品认证技术准则、有机农业生产技术操作规程，对申请的农产品及其加工产品实施规定程序的系统评估，并颁发证书，该过程称为有机食品认证。认证以规范化的检查为基础，包括实地检查、可追溯体系和质量保证体系的实施。

食品认证机构通过认证证明该食品的生产、加工、贮存、运输和销售点等环节均符合有机食品的标准。有机食品认证范围包括种植、养殖和加工的全过程。有机食品认证的一般程序包括：生产者向认证机构提出申请和提交符合有机生产加工的证明材料，认证机构对材料进行评审、现场检查后批准。中国现在生产的有机食品大部分出口。有意从事有机食品生产、加工及认证的企业可以咨询中华人民共和国辽宁出入境检验检疫局植检处（大连）、中国质量认证中心（简称CQC，各省、市、区认证分中心）、国家环保总局有机食品发展中心（南京）或农业部中绿华夏有机食品发展中心（简称COFCC，北京）。

链接案例　有机蔬菜价格为何买得高，宁波七禾有机老总告诉你

"500克小青菜要30元，500克白萝卜要30元，500克芹菜要30元，500克草莓要60元……"，"就算是真的有机蔬菜水果，要这么贵？""比菜市场要贵5~8倍，他们的网站上还显示库存不足。"有市民纷纷来电称对浙江省宁波七禾有机的食品价格产生怀疑，同时也有不少人表示几十元500克青菜的确让他们望而生畏。有机食品价格为何这么高？究竟是摆"噱头"还是真的物有所值呢？近日，本报记者专程走访了宁波七禾有机农场。

● 有机农业种植每亩地多花5万元。

七禾农场总经理章武军向记者介绍，有机农业种植对生长环境的要求非常高，空气、水、土壤、植物和动物缺一不可，不但需要纯净的空气，而且必须保证清澈的水源和无污染的土壤，并坚持在生产过程中采用纯人工操作。当初为了种出纯正的有机作物，农场里的土壤全部深耕了60厘米并将35~45厘米的深度硬质层打破，使残留在土壤中的农药、化学药物随着雨水快速排出；之后，他们又斥巨资从舟山群岛购买了100多吨的贝壳，并将这些贝壳深埋在土壤之下，这样既能有利于排水又能让土壤吸收贝壳上的矿物质。为了使土壤更加肥沃，他们还在农场的泥土中添加了沸石、竹炭、竹粉、米糠、稻壳等纯天然物质。在不少田地附近，记者看到一个个10平方米左右的蓄水池，章经理告诉记者，为了保证农作物喝到最纯净的水源，蓄水池就是他们特别建立的一个标准的水循环滴灌系统，里面投入了沸石、竹炭对水质加以净化。他同时也表示，种植有机蔬菜水果，仅这几道工序，每亩地的成本就增加了5万元左右。

● 纯粹物理除虫手工除草。

在农场里，记者看到不少农民都蹲在地里埋头苦干，一位姓陈的大伯告诉记者，他们正在手工除草杀虫，已经忙乎半天了。一般农场里用除草剂和化学杀虫剂，很快就能完工。但在这里，公司绝

对不允许使用，有的时候整个一天时间却连一块地的活也干不完。

记者还发现这里的每个大棚内都挂着黏虫板，大棚外面布置着各类杀虫灯。七禾农场的另一位负责人何经理向记者表示"种植有机蔬菜绝对不能使用化学药剂除草杀虫，只能依靠员工双手，即使遭遇大量虫灾侵害也仅仅使用辣椒水，一般就是纯手工捉虫。这样一来我们的成本的确又大幅度上升了，而且纯手工的效率往往比不上喷洒化学药剂，所以有机蔬菜水果卖相及不上普通作物，产量也有限，这样一来，肯定影响企业的利润，但七禾有机倡导以人为本的管理理念，我们提供的不仅仅是真正天然无污染的健康蔬菜，而是对客户健康的保证，更是一种对社会的责任，所以是不能一味地以盈利为目的。"七禾有机的章经理提起农场初创之时还心有余悸："曾经真的遇到不少麻烦，2012年年初几十亩的日本品种哈密瓜全部种植失败，一下没了200多万元，接着由于天热虫害加剧以致难以控制，农场产出的蔬菜一下子少了几十种，不少会员因为可选择的菜品太少，连连投诉，七禾当时面临灭顶之灾。即使那种危急关头，我们的董事长夏红芳也斩钉截铁地表示绝不以次充好，坚决不用普通的蔬菜替代，确保我们的诚信度。最后还是我们的诚意和理念打动了客户，竟然没一个人来退卡。接着，我们还成为宁波市第一家拿到南京国环有机产品认证中心颁发的有机转换产品认证证书的单位。"

● 可上网实时监控种植过程。

记者还发现农场的菜地和暖棚附近，装有好几个摄像头。"这些摄像头是24小时实时监测蔬菜水果种植的过程，监控录像会直接传输到公司网站上，真金不怕火炼，会员和消费者们可以登录我们的网站随时观察监督我们是不是禁止化肥和农药。"章武军说，此外他还告诉记者，农场专门录用了4名大学毕业生，每天用ipad记录备案每批蔬菜的种植生长环节，每包农场出产的蔬菜上都有一个追溯条码，通过条码可以查到这包蔬菜从育苗到收获的全过程，内容具体到哪天育的苗，哪天移栽、开花、结果，中间用了哪些除虫措施等。"设置这些装备系统的确花了不少钱，但我们即使花再多的钱也要全过程透明，去除消费者的疑虑。七禾农场摄像头监控田间作业管理，网上同步直播，一方面是让网友来监督，一方面对企业自身也是一个鞭策，农场的大门也永远对市民开放，随时欢迎大家来参观。"董事长夏红芳表示。

章武军还向记者介绍，与普通蔬菜进入超市、菜场的销售方式不同，七禾农场的蔬菜采用全新的配送方式——"有机宅配"，是把产品直接配送到消费者家中，农场会根据顾客的订单在下午采摘、包装、配送。确保顾客收到的菜都是最新鲜的菜。所以物流成本也相对较高。

"目前我们也销售一些散养的土鸡，这些鸡从小就生活在七禾农场里，平时都是用有机蔬菜、五谷杂粮和昆虫喂养，所以卖相特别好，肉质也特别鲜嫩，很受会员们喜爱，春节将至，销量十分好，常常是供不应求。"章经理说。

● 业内专家介绍：生产有机食品要比一般食品难得多。

有机食品是一种国际通称，是从英文 Organic Food 直译过来的。这里所说的"有机"不是化学上的概念，而是指采取一种有机的耕作和加工方式。有机食品是指按照这种方式生产和加工的，产品符合国际或国家有机食品要求和标准，并通过国家认证机构认证的一切农副产品及其加工品，包括粮食、蔬菜、水果、奶制品、禽畜产品、蜂蜜、水产品、调料等。

据说业内专家介绍，生产有机食品要比生产其他食品难得多，需要建立全新的生产体系和监控体系——有机农业指的也是一种完全不用化学合成的肥料、农药、生长调节剂、畜禽饲料添加剂等物质，也不使用基因工程生物及其产物的生产体系。

有机食品与国内其他优质食品的最显著差别是，前者在其生产和加工过程中绝对禁止使用农药、化肥、激素等人工合成物质，后者则允许有限制地使用这些物质。因此，有机食品的生产要比其他食品难得多，需要建立全新的生产系统，采用相应的替代技术。有机食品是一类真正源于自然、富营养、高品质的环保型安全食品。

——劳剑锋．宁波日报，2012-01-06

第五篇

升级篇

一、建立家庭农场的核心价值

家庭农场从制度属性上较接近于农业企业。因为相对于普通农户，家庭农场更加注重农业标准化生产、经营和管理，重视农产品认证和品牌营销理念。在市场化条件下，为了降低风险和提高农产品的市场竞争力，家庭农场更注重搜集市场供求信息，采用新技术和新设备，提升生产高附加值农产品。

（一）家庭农场的核心价值

本章所讲的"核心价值"，主要指家庭农场在市场上的价值以及农业发展中的特殊地位。家庭农场的主要意义在于进行农业生产的主体大多是农民（或其他长期从事农业生产的人），因此，家庭农场承载着农业现代化进程的重任，并在其中扮演重要角色，同时也要保证在家庭农场中从事生产劳动的农民致富。

分散的小规模农户，在市场中因其常常没有长期经营的品牌和资产，更容易出现"机会主义"。比如，他们为了节约生产成本，增加农产品的产量，在生产过程中有可能使用一些剧毒高残留的农药和化肥，而导致食品安全问题；在农产品进行售卖的过程中，可能出现以次充好，包装上缺斤短两等诸如此类的道德风险，而且在与一些农业销售公司或者龙头企业签订合同时，有可能出现做出承诺，实际上却不好好履行合同；享受了合同公司的种子、化肥、农药供应等优惠措施以后,在签订协议后却并不尽心尽力地搞好栽培技术和田间管理。

俗话说"有恒产者有恒心",因为有长期用于经营农业的、具有一定规模的专用性资产,家庭农场更注意市场信誉所带来的长期利益,也就会更加注重市场价值。家庭农场的核心价值在于一方面能够保持家庭农场的市场价值,另一方面要保证家庭农场的市场价值能够转化为市场优势。

(二)建立市场价值的方式

1. 找到各自农场的市场定位

每一家家庭农场都有自己的特色,但并非所有的特色都可以成为农场的定位,进而成为利润的来源。

作为家庭农场主,必须决定在什么地方能够创造出差异点,并且这种差异点可以被消费者认识到并且愿意购买它。有的农场采取了传统的生产方式让城里人感觉"返璞归真",回归真正的田园生活;有的农场采取了现代化的生产设施而让消费者感受到安全、标准化的"现代农业";也有的农场定位在专一而大规模的农作物生产,用价格和质量征服市场;有的农场采取了多元生产结构用来"东方不亮西方亮",规避农业风险。只要定位准确,并且有足量的消费者为其买单,这样的定位就是好的。也可以说,家庭农场主找到了农场真正的市场价值。

找到市场定位后,就要设计出一系列的措施,包括我们在第三篇经营篇中提到的产品策略、价格策略、渠道策略和促销策略去实现其定位。实施这些策略时,要注意尽力去迎合目标消费者的心理认知。消费者的心理活动是复杂而多变的,所以要仔细揣摩消费者的购买和使用心理,品牌管理,在某种程度上就是管理消费者的心理感受。比如,一家割草机公司声称,其产品"动力很大",故意采取了一款噪声很大的发动机,原因是消费者总以为声音大的割草机动力强劲;一家拖拉机制造商给自己生产的拖拉机的底盘也涂上油漆,这并非必要,原因是消费者会认为这样说明厂商对质量要求精益求精;有的农场生产绿色产品,就采取了环保并可回收利用的包装材料，让消费者感受到农场所呈现出的环保理念是全方位的。

2. 商品化、标准化生产

小规模农户的生产及经营规模小、专业化、商品化、标准化水平低，是典型的自给自足的生产经营组织，充其量也只是小商品生产者。其生产经营的目的主要是为了自给自足，而不是为了商品交换。可以说是适应于自然经济要求的个体生产者，很难适应现代市场经济的要求，更谈不上在市场经济条件下拥有市场竞争力。

家庭农场随着市场经济的发展而发展，因而是市场经济发展的产物并以市场经济体制为环境条件，以追求利润最大化为目标，同小规模农户生产经营的目的恰好相反，不是为了自给自足，而是为了商品出售。它不仅是名副其实的农产品生产者，更是名副其实的农产品经营者，属于适应于市场经济要求的现代企业组织范畴，尤其是大规模家庭农场，其现代企业特性更加明显。因此，家庭农场不但要扩大生产经营规模，而且要按照较高的专业化、规模化、标准化水平生产。

同时，在商品化生产的基础上，家庭农场要追求现代生产要素融入农场的经营。小规模农户基本上以家庭成员为劳动者，只使用短期的、少量的、偶尔的雇工，且大都没有诸如合同等的契约关系。其生产经营规模一般较小，对传统生产要素如劳动力、资金、土地使用上趋于凝固化。家庭农场在利润最大化的驱动下，对于新技术、新产品、新管理等外界信息反应比较敏感，会不断追求生产要素的优化配置和更新，并以现代机械设备、先进技术、现代经营管理方式等具有规模特性的现代生产要素引入为手段来不断扩大生产经营规模，提高市场竞争力。

3. 家庭农场要进行品牌化经营

长期以来，我国农民普遍存在"重种植，轻市场"的思想，品牌意识不强。虽然有质量好、品种优的农副产品，但由于市场知名度和竞争力低，或是"养在深闺无人识"，或卖不出好价，或是"增产不增收"，导致经济效益不佳，也挫伤了农民的积极性。如今，随着家庭农场的建立，农场主们无疑要取得市场的认可，农产品市场的出路到底在哪里？质量当然是第一，但是在同等质量的基础上，建立市场品牌是非常必要的。

俗话说："好酒也要勤吆喝"。只有建立了品牌，有了名称和标识，才能让消费者在万千产品中识别出来，从而制造精品农产品，增加农产品的附加价值及农民的收入。著名品牌策略大师艾·里斯说："实际上被灌输到顾客心目中的根本不是产品，而只是产品名称，它成了潜在顾客亲近产品的挂钩"。

在激烈的市场竞争中，任何产品都需要注重品牌效应，农副产品也不例外。农场注册了商标，并非意味着开始了品牌化经营。未来的营销是品牌的战争——品牌互争长短的竞争。拥有市场将会比拥有工厂更重要，拥有市场的唯一办法是占市场主导地位的品牌。但是，现在好多农产品的问题在于，农产品生产主要根本没有什么质量和技术要求，只注意蔬菜、水果等产品的新鲜度，很少去对品牌有特殊的注意。不少人认为，只有进入工厂经过生产工艺加工后的产品才是真正的"商品"，而在田间地头的产品就没有那么多的要求，如果谁买个豆角还要看品牌就会成为人们嘲笑或议论的话题。还有很多生产者对于如何提高产品品质根本无严格意义上的实质性举措。生产方式仍然沿袭以往的散户经营，化肥、农药的使用仍无标准可言，产品上市也没有什么包装。这类品牌且不说是否符合健康环保标准，单从外表就让人无法识别，只能凭商贩口里的大声吆喝，不要说走出国门赚取外汇，就是在国内，这类产品的市场前景也让人担忧。

即使产品质量获得了消费者购买后的肯定与认可，但他们下次再想买的时候，却找不到购买的地方了。如山东省的蔬菜产量很大而且质量很好，已成为当地农村经济的支柱产业，产品畅销大江南北，但在大都市的超级市场上很难看到身带条形码的山东品牌蔬菜，而这种蔬菜只在农贸市场销售。我国山东省生产的蔬菜出口量也很大，大部分出口到日本、韩国，但在国外市场上很难看到中国山东标识的蔬菜，我们只能给国外商人提供初级产品，然后贴上他们的商标销售，处于"为人做嫁衣"的窘境。

品牌代表了农产品带给消费者的价值，这些价值主要体现在营养性、安全性和新鲜程度等方面，满足了顾客这些方面的要求，就很容易与其他产品区分开来，使品牌得以长久生存并发展壮大。家庭农场拥有一定的专用性资产，具有较高的违规成本，有利于克服传统小农的机会主义行为。同时，家庭农场作为市场中的"非匿名交易者"，为了维护市场信誉，获取持续的市场交易机会，不得不注重经营过程中的生产控制，保证农产品质量。家庭农场在一定程度上，摆脱了传统农户的生存经济特征和高风险规避倾向，更加注重长期经营收益，更有利于保证农产品质量安全，建立品牌。

二、家庭农场注重农产品深加工

（一）农产品加工

农产品加工是指通过对农产品进行一定的工程技术处理，使其改变外观形态或内在属性、品质风味，从而达到延长保质期、提高产品品质和增加产品价值的过程。如速冻、脱水、腌制、分割、包装和配送等，拉长农产品营销时间、提高农产品附加值；农产品加工业是以农产物料为原料进行加工的一个产业或行业，在整个加工业中占有举足轻重的位置。

发展农产品加工业也是一个涉及多部门、多行业而复杂的系统工程，除农业部门外，农产品加工业大多集中于食品、轻工、化工、纺织、医药等行业部门，产品繁杂。随着科学的发展和技术的进步，农产品加工业逐渐涉及和应用的技术属多学科、多专业、高新技术和综合技术。

国际上通常将农产品加工业划分为5类，即：食品、饮料和烟草加工；纺织、服装和皮革工业；木材和木材产品（包括家具制造）；纸张和纸产品加工；橡胶产品加工。我国在统计上与农产品加工业相关的有12个行业，即食品加工、食品制造业、饮料制造业、烟草加工业、纺织业、服装及其他纤维（包括麻类）制品制造业、皮革毛皮羽绒及其制品、木材加工及竹藤棕草制品业、家具制造业、造纸及纸制品业和印刷业和橡胶制品业。

家庭农场的发展过程中，开始时一般都是从种植业和养殖业入手。这类农场大多数是初加工产品,附加值不高,而往往又受市场销售不畅的约束,容易产生同质化竞争。因此需要利用特色化经营和差异化战略,如此的家庭农场将有更多发展机会。在此过程中,家庭农场可以继续深加工,参与销售等经营环节,提高农业综合效益,不断延伸产业链获得更高的收益,发挥家庭农场的积极性。

家庭农场在成立初期,主要生产大宗农产品,即使有一些加工,大多属初(粗)加工技术相对较简单,设备单一,一般只是使农产品发生量的变化而不发生质的变化。如米、面、油的加工等,其加工链较短,增值效率较低,各种资源未能得到充分利用。而相对于初加工的精深加工,大多在一次加工的基础上进行二次或多次加工,主要是指对蛋白质资源、纤维资源、油脂资源、新营养资源及活性成分的提取和利用。投入的设备、技术、资金都较多,产值也随之有大的增值。

在家庭农场的提升阶段,需要建立"农场品牌"。而要建立品牌价值,必须要对农产品品牌进行深加工。品牌农产品只有形成种养+产供销,服务网络为一体的专业化生产经营系列,做到每一个环节的专业化与产业化相结合,经过精加工、深加工,变成最终产品,以商品品牌的形式进入市场,才能实现最大的市场价值。

(二)家庭农场农产品加工的方向

家庭农场进行农产品加工,可以从以下几个方面考虑。

第一,农产品由初加工向深加工发展,以成品或半成品的形式进入消费市场,减少原材料浪费,以多样化产品满足人们生活需要。

第二,重视农产品中营养成分的分离、重组、提纯技术,发展适于不同消费对象,不同层次的功能食品。如某些农产品经过深加工或渗入其他成份成为营养丰富的食品,也可经过提炼、浓缩等工艺成为专项营养食品。

第三,综合利用开发农副产品的非食用部分,提高食用价值。最大程度减少农副产品损失浪费,也为农场的高效、增产提供有效途径。

第四,制作成可直接烹调的食品。随着人们生活节奏的加快,生活水平的提高和经济收入增加,城市中的消费者无暇进行手工炊事劳动,要求食品、净菜规格化,如将农、渔、畜产品等加工成可直接烹调的速冻、冷藏食品。

第五,机械化、自动化、高效化。在加工、包装、干燥、贮藏中,可以采用新材料、新设备,从而提高劳动生产率与产品质量。同时推广应用物理、化学、生物工程等技术,加速生产过程科技化。

链接案例 灵芝园里的"家庭农场"梦

大年初八,江苏省无锡市锡北镇的晨东农庄,陈晓东早早就起了床,去照看他的那群"宝贝疙瘩"——"灵芝鸡"。

早晨清爽的空气弥漫在树林间,随着一阵阵悦耳的轻音乐响起,上千只鸡有的在树下漫步,有的在觅食嬉戏……再看陈晓东给它们准备的早餐:喝的是五谷豆浆,吃的是粗食杂粮,最稀奇的是多了一样赤红色的"配料":灵芝粉末。

陈晓东告诉记者,这些灵芝来自他在农庄里办起来的灵芝园。前几年,引进灵芝种植项目,并开发出破壁灵芝孢子粉等深加工产品,但市场销路一直没有打开。

"关键还是很多人对种植的灵芝不认可。"陈晓东坦言,本来已萌生退意,但几位大学生的养鸡试验又让他对这拥有数千年美名的瑞草重拾信心。

2012年,几位扬州大学的学生在晨东农场搞起了试验,用中草药来喂养太湖草鸡,效果出奇的好,鸡的抗病能力明显增强。陈晓东灵机一动,又在鸡的喂养过程中加入灵芝,过了一段时间,吃了灵芝的鸡变得外形艳丽,羽毛富有光泽,非常活跃。

如今,尽管每只"灵芝鸡"的零售价在300元左右,但很多吃过的食客经不住美食的诱惑,不但经常来农庄大快朵颐,还要求送货上门。

"我就不相信这么好的灵芝会没有市场！"2013年，陈晓东憋足了劲，要在灵芝的科技创新、市场推广上下工夫。他透露，已经和上海等地的高校合作，正在开发一种全新的灵芝产品。"现在不都是孢子粉、孢子油吗？咱们准备让大家换一种灵芝的吃法！"

此外，他还和无锡的灵山大佛景区合作，准备把具有祥瑞色彩的灵芝打造成别具无锡特色的旅游产品。

"搞农业不容易。"陈晓东感慨，自己原来办了两个工厂，赚的钱都投到农庄里来了，因为这两年的持续投入，其中，一个工厂不得不转手他人。"向农庄总共投了2 000多万元，银行的贷款只有100多万元，问银行借钱不容易呀！"

"2013年中央'一号'文件的核心是创新农业经营体制，提出要鼓励和支持承包土地向专业大户、家庭农场、农民合作社流转，其中首次出现'家庭农场'的提法。一听到这个说法，我就十分激动！"陈晓东说，他创办的这个农庄目前占地500亩左右，完全靠自己经营确实有点心有余力而不足。

"最近已经有几个朋友提出来，能不能到我这里来弄点土地种种粮食和蔬菜，将来我这个大农庄，说不定就可以分成不少家庭农场呢！"陈晓东希望有对农业生产有兴趣的人来帮他分忧，地方对农业的具体扶持优惠政策能来得再快一点、力度再大一点。

——刘纯，赵国忠.科技日报，2013-02-21

三、家庭农场多样化、特色化、生态化

（一）家庭农场多样化

以当前我国家庭农场的经营结构来看，大部分以传统的种植业为主，主要是种植谷物、水果、蔬菜等作物，有小部分开展粮食作物和果蔬类

套种，还有少量的动物饲养与水产养殖。其实因为家庭农场的土地规模较大，而且经营权自主，完全有条件形成多样化、特色化和生态化的经营模式。

就城市近郊的家庭农场而言，就可以发展成至少4种模式：①休闲型果园，将有机水果的生产和观光、旅游、休闲于一体，生产者获得销售有机水果的经济收入以及发展有机水果旅游产业的经济回报，消费者获得了新鲜、安全的有机水果的同时也享受到了田园生活；②生态科技观光农业园区，增加了游客对有机农业的高新技术以及高新农业设施的了解增加游客的有机农业知识，提高游客对有机农业的认知；③草原有机休闲养殖基地，使游客品尝纯野生养殖的美味，置身于纯自然风光之中；④"有机农业+农家寄宿"模式，综合利用生态模式，生产多样化有机农产品，发展农家寄宿，使游客完全体验农家生活。

（二）家庭农场特色化

家庭农场的健康发展应该是共性与个性的结合，应在共性的前提下追求规范的管理，在个性的基础上打造鲜明的特色。在这种理念下，家庭农场的经营范围不应该局限于传统农业行业范畴，应该允许其在农产品加工、市场咨询、科技服务、观光农业等更广阔的领域拓展，促使我国的家庭农场的经营呈现"百花齐放，百家争鸣"的局面。如果能够体现出自身的特色并且能够经营成功，就可以认为是成功的家庭农场。

比如，有的家庭农场可以生产规模化、高品质的粮食的大宗农产品，那么就可以定位于粮食生产型家庭农场。在城市周边的家庭农场可以与城市消费者或者团体建立销售合同、周末农场、自助农场等方式的"农消对接"。可以借鉴日本协会中的"提携"系统，销售渠道不依赖传统市场，建立消费者与生产者直接对话与接触的分销系统，消费者与生产者建立合作伙伴关系。"提携"系统的方针主要有：在生态学原理的基础上发展自给自足农业；消费者在有机农业生产者生产过程中适当协助生产者，体验农业生产乐趣；简单包装以及节约挑选农产品的时间；自行分销，生产者和消费者之间的信息要对称;改变饮食习惯,摒弃反季节农产品,食用时令农产品;生产者与消费者直接协商,达成协议价格。具有山水特点、人文景观和乡土风情的家庭农场可以利用农业生产特有过程进行多业并举,可以用来开办"农家乐",发展"休闲农业"等。

就拿北京密云周末农场而言,就非常具有中心城市周边农场的特色。这个农场是居住在城市的白领阶层来到农村租用农民的耕地,在田地里面种植自己喜欢的蔬菜,这些蔬菜平时主要由农夫照顾,白领阶层可以根据自己的时间安排去自己的田里浇水、施肥、收获成果。白领走进农场(White collar Walk into Garden, WWG)像是一种物物交换的关系,在季节之初城市农夫支付了一笔费用来支持一个本地的农民,来年可以获得免费的、健康的蔬菜。周末农场耕种模式为会员自种、农民代种、农民和会员一同维护蔬菜成长、会员收获果实的模式,农场本着以会员轻松劳动、快乐收获、享受成果的方针运营。周末农场为会员提供种子、种苗、水源、农具、技术服务、餐具、急救用品等,该特色农场获得很好的经营效果。

(三)家庭农场生态化

生态农业模式是一种在农业生产实践中形成的兼顾农业的经济效益、社会效益和生态效益,结构和功能优化了的农业生态系统。2002年,农业部向全国征集到了370种生态农业模式或技术体系,通过专家反复研讨,遴选出经过一定实践运行检验、具有代表性的十大类型生态模式,并正式将这十大类型生态模式作为今后一个时期农业部的重点任务加以推广。这十大典型模式和配套技术是:①北方"四位一体"生态模式及配套技术;②南方"猪—沼—果"生态模式及配套技术;③平原农林牧复合生态模式及配套技术;④草地生态恢复与持续利用生态模式及配套技术;⑤生态种植模式及配套技术;⑥生态畜牧业生产模式及配套技术;⑦生态渔业模式及配套技术;⑧丘陵山区小流域综合治理模式及配套技术;⑨设施生态农业模式及配套技术;⑩观光生态农业模式及配套技术。

家庭农场完全可以在农业生产中发挥综合效益，例如，可以利用自然中的生态循环理论开展农业生产，可以用谷物秸秆和农业生产废料来制造沼气，用来照明、取暖、供应燃气，利用牲畜粪便作为有机肥料，提高土壤肥力等。

链接案例 **菲律宾玛雅生态农场**

玛雅农场位于菲律宾首都马尼拉附近，经过20年建设，农场的农林牧副渔生产形成了一个良性循环的农业生态系统。玛雅农场的前身是一个面粉厂，经营者为了充分利用面粉厂产生的大量麸皮，建立了养畜场和鱼塘；为了增加农场的收入，建立了肉食加工和罐头制造厂。随着农场的发展，他们又扩大了生产规模，为了控制粪肥污染和循环利用各种废弃物，他们陆续建立起十几个沼气生产车间，每天产生沼气十几万立方米，提供了农场生产和家庭生活所需要的能源。另外，从产气后的沼渣中还可回收一些牲畜饲料，其余用做有机肥料，产气后的沼液经藻类氧化塘处理后，送入水塘养鱼养鸭，最后再取塘水、塘泥去肥田；农田生产的粮食又送面粉厂加工，进入又一次循环。像这样一个大规模农工联合生产企业，不用从外部购买原料、燃料、肥料，却能保持高额利润，而且没有废气、废水和废渣的污染，这样的生产过程符合生态学原理，合理地利用资源，实现了生物物质的充分循环利用[1]。

——龚德根.上海农业科技，1989（1）

---

[1] 郭亚萍，罗勇.生态农业模式与节能型家庭农场的构建.重庆社会科学，2009（9）

四、建立家庭农场的农业文化

农业文化是在农业生产实践活动中所创造出来的、与农业有关的物质文化和精神文化的总和。我们中国几千年的农业文明，以及在此基础上形成的一整套农业文化体系，是中华文明史的重要组成部分。

（一）农业文化的内涵

1. 农业文化的实体呈现

我国的农业文化的实体内容十分丰富，既包括农作物品种、农业生产工具，也包括农业文学艺术作品、农业自然生态景观等一切与农业生产相关的物质实体文化。不少历史学家发现农具的改进是社会进步和生产力水平提高的标志。但是随着机械化、工业化和现代化进程，那些代表一个时代、一个地域农业发展最高水平的传统农具，正在被抽水机、除草剂、收割机、打谷机、挤奶机等取代。作为传统农耕生活方式的历史记录，水车、风车、舂臼、橘槔、石磨等工具几近绝种。

2. 农业习俗的存续

春种、夏锄、秋收、冬藏以及二十四节气不仅是岁月交替农业生产的节奏，而且是农耕文化的周期。在传统农业社会，乡村的土地制度、水利制度、集镇制度、祭祀制度，都是依据这一周期创立、并为民众自觉遵循的生活模式。民间素有"不懂二十四节气，白把种子种下地"的说法。北方农村的"打春阳气转，雨水沿河边"、"清明忙种麦，谷雨种大田"、"清明麻，谷雨花，立夏点豆种芝麻"等，就是"顺应天地"的形象表达。这些至今仍广为流传的农谚俗语、具有鲜明的地域特点和乡土本色的农业信仰和仪式、大家所熟知的春节、中秋节、端午节等民俗饮食也是农业民俗文化的重要内容。

3. 农业哲学理念、价值体系、道德观念

传统中国是一个以农业生产为经济基础的乡土社会，也是熟人社会，人们聚族而居，生于斯、死于斯，彼此之间都很熟悉。从熟人社会中孕育

出来的无讼、无为政治、长老统治、生育制度、亲属制度等思想，都体现了农业文化环境下人与人之间遵循的互动规则以及人与人之间和谐相处的风范。在这样的环境下孕育出诚实守信、尊老爱幼、长幼有序、守望相助、互帮互助和热爱家乡等优良传统。这些优秀的传统美德不仅对农民的生活和发展而言是重要的，而且也是全体社会成员幸福的必要条件；这些优秀的传统美德不仅在传统农业社会是必须的，在现代和谐社会的构建中也是不可缺少的；这些优秀的传统美德不仅是社会秩序稳定的基础，也是中华民族进步不竭的精神动力和源泉[①]。

（二）农业文化的挑战

农业文化具有文化价值和经济价值，值得农场主珍惜和弘扬。乡土社会中的"诚信"文化、"礼治"文化、孝道传统、"勤俭节约"家风都可以从农业文化中找到存在和发展的土壤。农民，作为创造历史的主人，在几千年的农业生产实践过程中，积累了丰富的农业生产经验，创造了一系列有特色的耕作制度和成熟的农业技术，形成了精耕细作、轮作倒茬、用地养地的优良传统，并创造了我国基本土地连续耕种两千多年而地力不衰减的奇迹。其中"精耕细作、轮作复种、用养结合"是我国传统农业的精华，至今仍然对世界农业的发展有着重要的借鉴作用。可持续发展理念、循环利用理念、尊重自然的理念以及人与人、人与自然和谐相处的理念，也蕴含着巨大的经济价值。

当前，工业化、城市化和农业现代化对我国传统农业产生了非常大的的影响，农业机械化、化肥化、良种化等工业文明和科技文明的成果逐步取代了传统的农耕方式。不断提高的农业生产效率与农村富余劳动力逐年增加的矛盾也日益突显。在这种情况下，寻找农业之外的就业出路就是农民应对生活压力的必然选择。大量青年人离开乡村，走入城市。其直接的后果是土地撂荒、农村社会缺乏活力，让承载农业文化的乡村"空心化"。

---

① 孙白露，朱启臻.农业文化的价值及继承和保护探讨.农业现代化，2011（1）

而且城市文化正在影响着乡村固有的自然生态和人文生态环境。当农民不再倾注心力于农田，城市生活成为农民的发展目标时，中国农业文化似乎到了最危险的时候了。这时，家庭农场的出现给文化的传承映照出一丝曙光，家庭农场是农业文化的理想载体。例如我国传统农业文化中有"天人合一"的理念，有循环利用传统，有尊重自然、顺从自然与利用自然的智慧，对现代和谐社会与生态文明建设具有不可替代的价值。家庭农场结合种植业与养殖业的有机循环，可以在更高层次上传承循环农业文化，对解决农业与农村环境污染、耕地退化、垃圾处理等难题以及保障农产品质量安全均具有重要意义。

因此，家庭农场在发展过程中，保护我国农业文化资源，弘扬农业文化，保存了无数先民智慧结晶，不仅有营销农场、致富农民的现实价值，而且也为可以推动农业可持续发展和构建现代和谐社会添砖加瓦。

（三）保存农业文化的途径

1. 发展社区农业

社区农业是近些年农业社会学者提出的一个农业发展和农业保护的新概念。社区农业是指依据农业与农村的多功能原理，充分利用社区资源形成的综合性农业。

家庭农场因为拥有当地农业资源，如果能够挖掘传统农业资源，如种质资源、传统农具、传统技术、乡土知识、生活场景等，通过对农业的生物多样性和文化多样性的挖掘，比如，在家庭农场中种植和收获中，民俗、节日庆典等文化形式体现乡土文化，就可以吸引周围社区消费者参与其中。农场还利用独特的资源、文化传统，发掘社区资源的价值，重新整合利用田园景观、农村风貌、自然生态环境；农业生产工具、农业劳动方式、农业技术、循环利用、乡土知识、农家生活、风俗习惯、民间信仰资源，如沿海地区的"渔村"、东北地区的"猎民村"、城市郊区的"豆腐村"，可以把向自然攫取食材、饮食与饮食文化、传统食品加工制作工艺、食品加工工具、当地民俗与生活方式等有机融合在一起。发挥农业文化的价值，并使其得到有效利用，使农业文化得以保护传承。

2. 发展参与式农业

家庭农场可以把农业文化的保护传承与增加收入和改善生活联系在一起。家庭农场首先引导向农业的深度发展，这其中包括了提高产品质量，如发展有机农业，农产品的深加工，改变销售方式、形成特色品牌等；家庭农场可以向农业的广度发展，这个广度是充分利用社区的自然资源、农业资源、文化资源、扩展农业的服务领域，其中典型的发展途径就是利用地理、生物和文化的多样性来发展乡村旅游。

> **链接案例**　瑞士的农业文化和瑞士家庭农场
>
> 瑞士是欧洲中部的一个内陆国，面积4万余平方千米，人口600余万人，面积不大，人口不多，自然资源不算丰富，而经济高度发达，城乡差别早已消失，人均收入和居民生活水平，全球名列前茅。然而，瑞士没有因发展经济而破坏生态环境，实现了发展经济与保护环境的协调统一。全国不论城市、农村，还是平地、山坡，几乎所有空地都被葱绿茂密的森林、花草覆盖，见不到裸露的黄土。瑞士的森林覆盖率可能是全球最高的，不存在水土流失问题，晴天不见尘埃，雨天没有泥浆。在国内，凡是去过九寨沟的人，都会为那里的原始森林和湖光山色赞叹，瑞士几乎到处都是"九寨沟"，山清水秀，风景宜人。而且无论城乡，凡有湖泊，就有白天鹅，苏黎世街巷中的小河沟，也有三三两两的野鸭戏水，人与自然和谐共处。
>
> 瑞士工业化以前，同中国一样，以农立国。工业化后，大部分居民转入工商业及服务行业，农业在国民经济中只占很小比重。但联邦政府对农业非常重视，采取多种措施保护和发展农业：禁止农地自由买卖，或将农地改作其他用途；农地在使用和经营过程中，也不许改变原有地貌。联邦政府把农业文化作为国家的传统文化，极力保护、发扬，办有全球规模最大的露天民俗博物馆.用平行移动的方式.将各地19世纪前上百所不同年代和风格的农舍，从整个

房屋、院落到室内陈设、器具，乃至被褥、衣物，全部原封不动地搬入博物馆陈列，并使用原有工具和方法进行生产演示和经营，饲养和繁殖农村已经消失的某些畜禽品种。传统木工、纺织、针织和编织等生产，参观者还可亲手操作。为了保留农业文化，瑞士小学生有一种织制土布的劳作。工具很简单，一个A4纸大小的平面木筐架，两端分别装有卷纱轴和卷布轴，中间有一个类似木梳的提纱棕，外加一把小梭。一般八九岁的女孩都会使用，能织出幅宽10多厘米的土布。这种劳作既锻炼了儿童的动手能力，又在潜移默化中受到了传统文化的熏陶。

由于受农村小土地所有制和耕作习惯的制约，瑞士农业经营与西欧和美国不同，95%是自耕农式的家庭农场，只有5%的农场土地是租来的，经营规模都比较小，无法同美英等国的大农场竞争。随着经济全球化过程的加速推进，家庭式农场所受的冲击越来越大。为了生存，许多农场都在精、特、多三方面下工夫。精是实行集约经营，提高单位面积产量和收益；特是办成特色农场，生产特色和绿色产品，提高单位产品的价值和价格。近年来，特色和绿色农业已成为瑞士农业的发展方向；多是实行多种经营，包括从事副业和农业外的其他工作，以增加收入。我们所调查的马丁农场就是这方面的一个典型。

马丁农场位于首都伯尔尼南边的瑞基斯堡。我们开车从苏黎世出发，抵达农场已是中午时分。马丁一面用自产的面包、干酪、香肠、果汁招待我们；一面介绍农场情况。马丁40多岁，从小热爱农业和农村，中学毕业后，经过专业培训，取得联邦政府规定的合格证，终于实现了经营农场的梦想。农场租用20公顷耕地（在瑞士家庭农场中属中等规模）。饲养80只肉羊、15头小奶牛和2匹马；耕地种植牧草、小麦、大麦、蔬菜及一种叫做"丁口"（类似小麦）的特种作物，耕作全部机械化。牧草除自用外，尚有出售，谷物也自给有余。80只肉羊中，50只是公羊，饲养8~10个月可送屠宰场，30只母羊用于繁殖。农场实行集约经营，牧草地分为两部分，一部分种植冬储饲料，另一部分作放牧地。后者又划成若干小块，分期分块放牧，以利牧草生长和牧地充分利用。农场完全不用化肥、农药，牛羊不喂人工复合饲料或其他添加剂，生产的全是绿色食品。15头小奶牛是代人喂养，到快生小奶牛时交还原主。这些喂养绿色饲料繁殖和长大的奶牛，所产牛奶是更纯粹的绿色食品，市场价格更高。马丁和其他一些农场就是通过生产和出售绿色食品，购进普通食品，获取差价和收益。

农场由马丁打理，夫人则负责开办戒毒班。戒毒者一面接受指导戒毒，一面参加农场劳动，学习技术，以便将来重返社会。戒毒班由政府补贴，马丁夫人也经过专业培训，持有合格证书。我们参观时，一名戒毒者正在制作家具，技术和产品质量，并不亚于专业木工。戒毒班既减轻了政府负，增加了农场收入，补充了农场劳力，又为戒毒者提供了良好的戒毒环境，舒缓了他们的心理压力和抵触情绪，效果不错，有利于社会和谐，一举多得。

马丁还自制织布机，织造土布。随着怀旧和回归自然思潮的流行，这种土布很有市场潜力。农场也有相当部分自给性生产，家庭和戒毒班成员的粮食和蔬菜、副食品全部或大部自给。农场储藏室堆放着全年吃的小麦和其他粮食，天花板上挂满了自制香肠和腌肉。还有钢磨、烤炉，自己磨面和烘烤面包。招待我们的面包、干酪、香肠、果汁，都只供自食，而不出售。其他农场的情况也差不多。这是瑞士家庭农场与美英等国农场的一个重大差别。

马丁农场的地租和农业税都较轻，地主是不谋利的慈善机构，地租只占土地收入的15%上下；联邦政府为了扶持农业，按农地海拔高度分四级征税，海拔越高，税率越低。马丁农场在海拔900米的山坡，气候较寒冷，5月下旬还下了一场雪，我们调查时，积雪尚未融化，税率属于山区二级，负担很轻，并有补贴，数额还超过税收。故农场收益不错，盈利达10%左右。为防灾祸意外，农场每年购买保险。所有这些，马丁十分称心。但也有遗憾，他经营农场已经13年，现在年岁日长，需要助手和接班人，但3个儿女中，没有一个愿意继承父业。其实这也是不少瑞士家庭农场面临的问题。

——刘克祥．瑞士的农业文化和瑞士家庭农场，土地资源网，2013-06-03
http://www.farmer.com.cn/zt/jtnc/zjkf/201306/t20130603_849482.htm

五、家庭农场与新型经营主体的融合

新型农业经营主体是我国构建集约化、专业化、组织化、社会化相结合的新型农业经营体系的核心载体。现阶段，我国新型经营主体主要包括专业大户、家庭农场、农民专业合作社、农业企业等。在我国新型农业经营体系中，各类经营主体具有怎样的地位，扮演什么角色，发挥什么功能等相关研究尚不深入。如何协调各主体之间的关系，也就成为一个挑战。

我们认为，家庭农场作为专业大户的"升级版"，主要面临着与农民专业合作社和农业企业的关系处理问题。

（一）家庭农场+合作社

目前，农民组织化程度低的重要原因在于分散的小农户缺乏组织起来的驱动力，培育家庭农场为农民的组织化提供了基础。家庭农场具有较大规模，刺激农户合作的需求。合作社是实现农民利益的有效组织形式，2007年我国颁布了农民专业合作社法，但是，并没有显著激发农民的合作行为，其中小规模的生产方式是限制农民合作需求的主要原因之一，因为小规模的农户经营加入合作社与否，并不能带来明显的利益。家庭农场则不同，加入合作社与否对其利益的获得具有显著影响，合作的需求就会被激发出来。

家庭农场与小农户生产的区别不仅表现在经营规模上，而且表现在现代化的合作经营方式上。家庭农场是农民合作的基础和条件。家庭农场为集约化经营创造了条件，家庭农场的专业化经营通过合作社的经营得以实现。就从农产品的市场营销而言，一个家庭农场打一个品牌是很困难的，这就需要农场之间的联合，需要形成具有组织化特征的新型农产品经营主体，需要合作社去把家庭串起来。组织化和合作社主要解决小生产和大市场的矛盾，当然也解决标准化生产、食品安全，和适度规模化的问题，各类家庭农场在合理分工的前提下，相互之间配合，获得各自领域的效益，这样它就可以和市场对接，形成一种气候和特色。

为促进家庭农场的可持续发展，家庭农场主之间存在合作与联合的动力，家庭农场也可以不断和其他生产经营主体融合。比如，形成"家庭农场+合作社"、"家庭农场+家庭农场协会"和"家庭农场+家庭农场主联社"的形式，以推进农资联购、专用农业机械的调剂、农产品培育、销售及融资等服务的开展。

比如，山东省就出台了"家庭农场办理工商登记后，可以成为农民专业合作社的单位成员或公司的股东"，以及"农村家庭成员超过5人，可以以自然人身份登记为家庭农场专业合作社"等相关规定。

| 链接案例 | 合川6家微企家庭农场 抱团组建"联合舰队" |

家庭农场通常因规模小导致管理成本高，因业务单一面临较大的市场风险，怎么办？近日，合川区太和镇亭子村6家微企决定共同出资组建新公司，以"联合舰队"的方式扩大经营规模、增加经营品种，降低管理成本、增强风险抵抗能力。

这家新公司名叫月亮湾乡村旅游开发公司。该公司负责人姚世明介绍，2012年初，他成立了微企家庭农场，从附近村民手里租赁20亩土地种植莲藕。

没过多久，他发现这种小规模经营方式存在一个大问题：以每月500元的价格聘请一位村民来看护藕塘的水位和记录病虫害，平均每亩每月管护成本高达25元；莲藕市场价格起伏不定，最低时每公斤只能卖到两元，远低于成本，有可能让他血本无归。

2012年年中，姚世明将种植规模扩大到300亩，管理成本省了九成。但对于单一业务潜藏的风险，他却"只能听天由命"。

姚世明所在的亭子村有81家微企家庭农场，其中九成以上种植规模不到50亩，且种植的都是黄桃、柑橘、葡萄等单一品种。

2013年年末，姚世明、李清兵等6位微企家庭农场主，凑了200

> 万元组建月亮湾乡村旅游开发公司,租赁1 000亩土地用于种植多个品种的果蔬,兴建果蔬观光长廊,同时修建餐厅、客房和鱼塘等配套设施,吸引城里人去"吃喝玩乐"。目前,新公司基础设施建设已经完成大半。按照设想,5年后,"联合舰队"年产值预计可超过1 000万元,是该村微企农场平均收入的10倍以上。
>
> ——曾立,吴刚.重庆日报,2014-01-05

(二)家庭农场+农业企业

农业龙头企业在家庭农场发展过程中可能发挥的作用是,作为公司可以应对高昂的信息成本、技术风险,降低专用性资产投资不足,提高合作剩余。龙头企业可以和家庭农场或者合作社,来进行合作经营,或者是"企业+订单农业"方式,成为农业经营方式上的创新。事实上,由于家庭农场的规模性以及对产品质量和品牌的关系,龙头企业都希望与家庭农场进行合作。

在中国乳制品行业中,随着规模化进程的加快,农户家庭养殖(以农户家庭为单位,进行分户、分散养殖的方式)逐渐退出。伊利集团、蒙牛集团为了提高原奶质量纷纷在基地内建设规模化的牧场。2007—2012年间,伊利集团先后投入近90亿元用于奶源升级和牧场建设,在全国自建、合建牧场1 415个。伊利奶源供应中来自集中化、规模化养殖奶牛的比例达到90%以上。而蒙牛一直通过投资建设现代化牧场及设备、参股大型牧场提升奶源整体水平及质量控制。截至目前,蒙牛的规模化、集约化奶源约为93%,2015年之前将实现100%奶源规模化、集约化。在规模化的进程中,主要采取"企业+家庭牧场"与从事专业原奶生产的家庭牧场进行对接。对接的家庭牧场主要有三种来源,其一,农牧民通过自身发展升级成家庭牧场,部分牧民凭借着辛勤劳动和奉献精神,将土地的自然条件与市场机制很好地结合起来,通过亲缘、乡缘、血缘等联系,专注于奶业的生产经营,成为家庭牧场。像内蒙古和林格尔古力半忽洞村的常彦凤牧场;还有农业专业大户转化成家庭牧场,像内蒙古调研的土左旗察素齐镇讨合气村的雪原牧场等;其二,农民专业合作组织成员分化出的家庭农场,合作组织中的部分成员,包括"大农"和具有一定规模的"小农"分化成独立家庭农场。

广东温氏食品集团有限公司也采取了"公司+农户"模式,以外部组织的规模收益相对有效地克服了小农经营规模不经济的弊端。并开始采取"公司+家庭农场"生产经营模式化解了"公司+农户"下的利益分配难题,实现了龙头企业与农户间更紧密的联结机制,创新了现代农业经营方式。

> **链接案例** "公司+家庭农场"高效农业
>
> "咱家庭农场生产的蔬菜也能换外汇了!"初冬时节,在方城县赵河镇桃园村农民周西林创办的裕隆家庭农场里,正采收露地蔬菜的周西林笑着向记者介绍,他的家庭农场以河南瑞彩农业科技有限公司打造的3 000亩高效农业基地为依托,采收后的蔬菜就地装箱,由冷藏车外运至广州、深圳等大城市,部分蔬菜还远销新加坡、泰国等国家。
>
> 2013年6月,在方城县赵河镇转变农业发展方式改革试验区,慕名而来的河南瑞彩农业科技有限公司投资1 700万元,高品位建设3 000亩露地蔬菜生产基地。8月10日以来,蔬菜进入收获期,每天运至深圳、广州等地1.5万千克以上,另一部分转运至新加坡、马来西亚、泰国等地。截至目前,短短4个月时间,已销售蔬菜600多万吨。
>
> "公司+家庭农场"的经营模式,是公司的运营策略。目前,该公司与3个家庭农场结成一体,家庭农场的蔬菜种植面积占公司总经营面积的一半。"技术上的事根本不用操心,蔬菜的生产风险和销售风险都由公司承担,咱就是出个笨力。"裕隆家庭农场的主人周西林向记者介绍,公司对家庭农场进行"四统一"管理——统一安排生产计划、统一机械化耕作、统一生产技术标准、统一市场销售,

家庭农场投资劳动力和部分生产资料。这种模式用公司总经理裴森林的话说,是"肩并肩的合作"。

蔬菜生产全程都严格按照无公害标准,以微生物发酵后的鸡粪、鸽子粪、羊粪等作底肥,蔬菜出芽前补充有机肥,青苗期追施专用复合肥,喷施叶面肥;使用低毒易分解的专用农药,蔬菜成熟前10天停止使用农药。种植的蔬菜以广东菜心、芥蓝为主,广东菜心一年可种8茬,芥蓝一年可种4茬,年产量均在5 000多千克,每千克平均价格3~4元。此外,还种植豌豆苗和少量的雪斗、春菜、江门白等蔬菜。

身为镇人大代表、桃园村党支部书记的周西林是当地第一个当上家庭农场主的,"不为别的,只想让更多的村民看到实实在在的效益,从而改变生产习惯和生活观念,达到致富奔小康的目标。"对于蔬菜基地带来的新变化,方城县人大代表、孙彰村党支部书记赵成群如数家珍:"仅10月份一个月,俺们村在蔬菜基地打工的上百名员工共领到工资29万元。现在村上打牌、聊闲话的人没有了,大家每天都是风风火火到菜地里干活,连六七十岁的老人都去菜地采摘豌豆尖,蔬菜基地给俺们带来了实实在在的效益。"

说起家门口就业,赵河镇党委书记余瑞平信心满怀,"党的十八届三中全会提出土地向专业大户、家庭农场、农民合作社、农业企业流转,发展多种形式规模经营。俺们今后要引入更多的农业企业,带动更多的农民实现家门口就业!"

谈起下一步发展打算,裴森林告诉记者:"我们将在'公司+家庭农场'模式的基础上,以家庭农户为作业单位,采取面对面合作模式,由公司为农户提供设施、技术、生产资料,农户按公司统一生产计划和技术标准种植蔬菜,与公司签订蔬菜回收合同,让当地更多农民从种植蔬菜中受益。同时,进一步提升蔬菜基地各项生产和管理标准,努力将基地打造成方城县第一家国家级蔬菜园区,让瑞彩农业蔬菜品牌成为全国现代农业中一张闪亮的名片。"

——孟新生,陈新刚.南阳日报,2013-12-11

(三) 家庭农场 + 合作社 + 龙头企业模式

"家庭农场 + 合作社 + 龙头企业"模式也是适宜家庭农场发展一种较好的模式选择，它能够把龙头企业的市场优势及专业合作社的组织优势有效结合起来，可以兼顾农户及龙头企业双方的利益，同时借助专业合作社的组织优势，提升家庭农场在市场中的地位。目前，这种模式普遍存在，在专业合作社较弱、缺乏加工能力的条件下，可以选用这样模式，将家庭农场有效组织起来，构建产加销一体化的产业组织体系，实现多赢的效果。

四川新希望集团就在进行类似的组织创新，他们扩展"公司 + 合作组织 + 农场主 + 农户"模式，变成了"农业服务员"，一是为农业组织服务，帮助家庭农场发展，并组建更多的农业合作社，二是努力成为提供技术、金融、加工生产和市场等各种农业服务的综合服务商。

> **链接案例**　"公司 + 家庭农场"模式打造田娘农场
>
> 江苏省常熟市古里镇坞圩村，在当地的第一个家庭农场——田娘公司的粮田示范种植基地，农户徐建华正在自家地里忙活。他告诉记者，自从和田娘公司合作，就经常参加组织的培训。
>
> 徐建华是当地的种粮大户，拥有240多亩农田。他与田娘农场的关系并不是隶属，而是合作，这正是田娘农场的一大特点。田娘农场共有6 800亩土地，除了自己从农户手里流转并经营的2 050亩外，还为其余约4 800亩的家庭农场提供各种社会化服务，并统一打着"田娘"的品牌进行销售。可以这样说，只要由田娘农场参与服务，通过"公司 + 家庭农场"模式耕作，并通过田娘公司销售产品的地块，都被称作田娘农场。
>
> 徐建华说，与以前自己耕作最大的区别，就是与田娘农场合作之后能够得到细致的培训和服务，出力少了，回报却大了。

徐建华："田娘提供我们优质的种子，我们提供30%的面积给它。它需要什么品种，我们帮他种什么品种。最大的好处就是比常规要收入高，一年每亩地要多收150元。卖粮食的时候也方便，省工又节本。"

在合作经营过程中，田娘公司定期对家庭农场开展教育培训，并提供产前、产中、产后服务，实现统一品种、统一生产标准、统一品牌营销。2012年，田娘公司销售的系列大米实现销售总收入2 100多万元，比常规大米增收600多万元。家庭农场户均净收入超过8万元，土地规模化经营成效显著。看着眼前的一切，田娘公司董事长高健浩颇有感触。

高健浩："怎样来实实在在带好我们周边地区的一些家庭农场，要比原来的收入增加。我们赚什么钱，我们主要是赚品牌，他们种的好的，我们走向市场。农场来看主要赚服务的钱。你服务好了以后，老百姓就会叫你服务的，符合我们苏南地区的模式。"

在田娘农场总经理王强的眼里，国家农业经营体制改革的轮廓已经清楚，"龙头企业+合作社+家庭农场"的模式，将面临着很大的发展机遇。

王强："其中包括有三个主体。一个是龙头企业，我们田娘公司，还有就是合作社，包括有农机合作社、植保合作社、劳务合作社等一系列的合作社，它是提供社会化服务的；还有一个主体就是家庭农场，也就是我们以前说的大户。他通过承包租赁，经营一定规模的农田，现在大概我们这边平均的话就是100多亩一户人家，以家庭为主进行经营。这样的三个主体，形成了我们田娘农场的合作经营的模式。"

——何鹏. 央广网，2013-11-19

六、建立家庭农场的继承体系

农场主不是一般的农民能够胜任的,既要懂农业生产,还要懂经营管理。更为重要的是对农业文化有感情、有眷恋,愿意将家庭农场当成事业来做。当前我国农村许多地方都面临着"子不承父业"的问题,素质较好的农村劳动力纷纷流向非农产业或大城市,农业从业人员整体素质偏低。发展家庭农场,谁来当农场主?谁能当好这个农场主?有了第一代农场主以后,谁来继承和发展家庭农场这也是个大问题。

目前来看,有以下三条途径:

一是农场主、专业合作组织的带头人与主力成员、从事农业服务的技能人员的子女。因为耳闻目睹,这些孩子对农业经营有天然的感情,也有比较全面的农业生产知识,但是他们最缺少的是经营管理等方面的知识。

二是从城市中来,他们可以是从专业农校毕业,对农业有一定的兴趣与了解。农业院校的大中专毕业生回到农村去,特别是从农村走出来的大中专毕业生。对他们来讲,更需要的是农业生产力方面的实际经验。只要从事家庭农场有比较好的收入预期,能够把做家庭农场主当做职业选择,2012年,全国家庭农场经营总收入为1 620亿元,平均每个家庭农场为18.47万元[1]。作为家庭农场经营者的农户应当具有体面的、合理的收入来保证一定的生活水平,这一条件的存在决定了农业从业者在整个社会的经济地位,以及有无更多的人愿意从事家庭农场的经营与管理。

> **链接案例**　德国家庭农场代代相传的经营
>
> 西尔克·基尔斯腾是位女农场主,有两个儿子马克西和莫利茨。19岁的大儿子马克西正开着拖拉机在田里平整土地。"一要把冬天

---

[1] 李俏,李辉.社会化小农框架下家庭农场发展机制构建研究.农村经济,2014年(1)

怎样做好家庭农场

集中堆放的牛粪均匀地分散到地里,二要把土地平整好准备种玉米。"马克西一边娴熟地操作拖拉机,一边给记者介绍。

"拖拉机我也能开,哥哥干的活我都会!"一旁14岁的弟弟莫利茨对记者说:"我们都是跟爷爷学的。"

"没错,两个儿子和爷爷,是农场干活的主力,大多数劳动都由他们承担。"基尔斯腾说。她家的农场在德国东部勃兰登堡州,大约有160公顷的耕地,有一半是自己家的,另一半则是租种的。马克西和莫利茨并没有辍学,只是在每天放学后、周末以及假期在农场帮忙。因为全都是机械化作业,所以两位"少年农民"就基本可以耕种这么大一个农场的土地。农场还养了75头牛,主要由她负责。丈夫有一个工作间,和两名雇员做一些门窗类木工。奶奶则给全家人做饭。

"说到底,农机才是干活的主力。"基尔斯腾说,家里有大大小小20多台农机,从播种、翻土、施肥、洒药到收割,各种机械一应俱全。仅拖拉机就有7台,可以牵引不同的耕种设备,在不同规模的农田作业。牛栏里像喂食、挤奶、清扫牛粪这些活,也都是通过机械完成,真正需要人力的很少。

75头牛中有40头奶牛,每天产奶约800升,养牛是农场的主要经济收入。她每年允许销售的牛奶配额为300吨。160公顷的土地中120公顷用于种植牧草养牛,40公顷用于种植玉米、燕麦、黑麦这些粮食作物。粮食的40%也用于喂牛,其余的60%才用于出售。

基尔斯腾说农场的收入完全可以维持家用,"还可以有很多时间跟家人在一起,我很享受这样的生活"。

马克西和莫利茨未来都愿意接手家里的农场,继续在家当农民。马克西再过一年就考大学了,他想报考农学专业。弟弟莫利茨则想学机械维修,这样以后可以自己维修农机。"从小在农村长大,喜欢农场的自然环境和动物",莫利茨说。"家里有网络,去最近的城市只有6千米,这里的生活条件不比城里差,环境更好。"哥哥马克西说:"知道要做什么,就不用为未来操心。"

"他们是现代农民。"基尔斯腾骄傲地说。马克西还是当地一支乐队的电子吉他手,经常和乐队去周边城市和柏林演出。"经营农场和上大学、做音乐并不冲突,在农场干活还可以给他的音乐创作带来灵感。家里的农场让朋友们都很羡慕"。

柏林洪堡大学农业教授西尔克·许特尔对本报记者表示,像基尔斯腾这样的家庭农场在德国农业生产中发挥着重要作用。这些农场在二战前就开始实现机械化耕种,二战后机械化程度不断提高。20世纪50年代,一个农场只能养活10人,而到了2010年,同等面积农场大约可以养活150人,效率大大提高。

许特尔指出,家庭农场有朝着更大规模发展的趋势,整体数量在减少。现代农机价格昂贵,会给家庭农场带来较大经济压力。通行的做法是几个农场联合,共享农机。"家庭农场的发展需要比较稳定的土地所有权关系,这样可以给农民一些长远规划的空间。"许特尔说。

——作者改写自:百年欧洲家庭农场 适度规模经营良方,
http://www.fjsp.gov.cn/web/newsContent.aspx?ID=13554

七、建立家庭农场的社会支持网络

(一)家庭农场发展需要社会化服务体系

家庭农场同其他新兴经营主体一样,是我国发展现代农业的重要力量。在现代经济发展过程中,作为市场竞争的主体,并非可以"一枝独秀",正像一株树苗,只有在草灌林结合的生态系统里面,才能生机蓬勃。家庭农场主不可能成为"多面手",这就要求家庭农场经营中的部分事务要通过市场与社会完成。

因此可以说我国的家庭农场,绝不是孤军奋战,也不是包打天下,更不是包罗万象。

所谓不孤军奋战，就是家庭农场的生产经营需要国家几大支持体系来保障，主要包括政策法律体系、科技创新与服务体系、金融支持体系、信息应用体系等，为家庭农场的生产经营活动提供稳定的政策环境、强大的科技支撑、有效的金融支持和丰富的市场信息。

所谓不包打天下，是家庭农场不可能也没有精力去将产业的产前、产中、产后系列环节全程包揽，其重点就是产中环节。产前、产后需要健全的社会化服务体系来支持，即使产中也需要社会化服务体系来配合。比如产前的农资供应、市场信息服务，产后的贮藏、加工、销售，产中的农业机械协作、技术指导等。

所谓不包罗万象，是指家庭农场的主业要突出，不可能什么产业都涉及，再去重复小而全的传统家庭经营。而是需要专业化地从事某一两类产业的生产经营，在专业的规模化生产中取得应有的效率和效益。要实现这一专业化生产，必须有相应的专业合作社或行业协会来提供市场信息、技术指导、产品销售等方面的支持。

（二）社会化服务的层面

1. 政策支持和指导服务

家庭农场的政策支持一般是由各级政府农业主管部门制定实施的，并协调其他部门参与。具体支持政策的实施、解释及指导都由政府农办、农业局等农业主管部门负责，包括相关政策实施情况的调研、实施效果的评估等。政府部门印发家庭农场的认定条件及相关政策资料，并对家庭农场进行相关指导。未来政府部门对家庭农场的服务会以制定政策、咨询及指导服务、政策实施的跟踪及有效评估作为努力的方向。

2. 农地流转服务

为家庭农场服务的农地流转中介组织，是政府农业部门所属的事业型组织，其工作人员很多都是从政府部门抽调的。一些地区建立了县乡村三级农地流转服务组织，一些地区还建立了农地流转市场，相当多的家庭农场是与村组织签订流转协议，农户委托村级组织流转农地。在相当多的地区，农地流转的仲裁机构就设在农办（农业局）。因此，农地流转服务涉及政府农业部门、各级农地流转中介组织。

3. 技术及信息服务

家庭农场的技术及信息服务是由多个组织提供的。从实际调查情况看，家庭农场需要种子、种苗、种畜禽公司技术支持、机械设备支持；农药、兽药、化肥、饲料的技术。现在这些技术服务以政府农技部门为主，专业合作社、龙头企业也参与了技术及信息服务。政府农技部门，作为公益性事业机构，在技术及信息服务方面扮演着重要的角色。专业合作社成为家庭农场技术及信息服务的重要力量，一些有实力的专业合作社不但为家庭农场提供技术推广及信息服务，还引进先进技术，开发优良品种。龙头企业在为家庭农场提供技术及信息服务方面，具有一定的优势条件，应完善利益联结机制，强化龙头企业为家庭农场提供技术及信息服务的功能。

4. 信贷服务

由于农场主大多数资金实力不强，而其土地和房屋等财产又无法用作抵押，制约了他们从金融机构，主要是信用社获取信贷资金的能力，难以投资资金密集型产业，特别是发展设施农业。一些地区政府部门组建农户小额信用担保有限公司，免费为现代家庭农场发展提供贷款担保，在一定程度上缓解了家庭农场的资金难题。

5. 农资服务

为家庭农场提供农资服务的组织较多，以农业局所属的农科站、农资企业及农民专业合作社为主，同时也涉及农业龙头企业及供销合作社，可以说农资供应组织多元化。从发达国家和地区的经验看，农民专业合作社具有为家庭农场提供农资的独特条件，可以作为未来的主渠道。同时，龙头企业在为家庭农场提供农资服务方面，具有独特的优势，可以根据产品质量的需要为家庭农场提供优质的农资服务，应作为家庭农场农资服务的重要补充。

6.产品销售服务

家庭农场产品销售服务组织包括专业合作社、龙头企业、经纪人、超市、政府相关部门等，多个组织或部门合作共同完成家庭农场产品销售服务的任务。家庭农场的产品销售，一种是市场直销，即纯粹面向市场，由家庭农场在市场自由销售；一种则是由农民专业合作社、超市（或龙头企业）与家庭农场签订收购协议，以订单形式提供产品销售服务。家庭农场可通过实行订单农业，与超市、合作社、龙头企业、农村经纪人等建立了稳定的产销关系，产生多赢的效果。同时，政府相关部门也应该提供家庭农场的产品销售服务。由政府部门举办各类展销会及网上销售服务平台，组织合作社、龙头企业、大型家庭农场参与农产品经销。

链接案例　走近美国农业社会服务体系

美国"粮仓"艾奥瓦州的农业场景成为美国现代化农业的一个缩影。由于地域广大、人口相对稀少，农户散居在各处，美国农村乍一看有点像在孤岛上生存。但是，发达的科技与交通帮助形成了美国完善的社会化服务体系，在此基础上形成的美国农业模式，成为各生产环节都有依托的现代化行业经济。

● 国家机构全面支持。

在美国，统领农业社会服务体系的有农业部下属的农场服务机构、农产品外销局和风险管理机构。

农场服务机构的使命是以市场为导向，使美国农业在经济、环境健康的情况下，提供充足、安全的食品、纤维，维持高质量的农业社区。它通过全国网络实施农业政策、执行信贷计划，管理水土保持、商品、灾难和农场推广计划。农产品外销局的宗旨是改善美国农产品在海外市场的准入，改善美国农业在全球市场的竞争地位。这两个机构协助美国农民和农场主应对不确定的气候和市场变化，提供商品、信用、水土保护、灾难及应急援助计划，帮助改善农业经济的稳定性和力量。

风险管理机构确保农民拥有应对农业风险的金融工具,该机构通过联邦农作物保险公司提供保险,同时通过改善农业经济稳定推动国家福利。联邦农作物保险公司负责为美国上百种作物和牲畜保险。作物保险单由私人保险公司提供销售及服务,保险代理会根据农场的运营情况及风险管理、预算需求,帮助农户选择最佳保险方案。风险管理机构提供100多种作物保险政策。它也对承保其他作物的可行性进行研究,在某些州县进行新险种的试点。

这样,作物保险购买者,能够在保单上列出的所有自然因素引起的损失领域得到承保;没有保险的农户,会得到农场服务机构提供的非保险作物灾害援助计划,在自然灾害引起收成减少、存货损失、种植受到影响的情况下,得到财政援助。

● 产业协会有力引导。

在艾奥瓦州,农业各产业协会的作用无处不在,协会设立网站提供政策、贸易、天气、市场、病虫害防治、新品种等实用信息,适时更新,服务农民。由于协会管理层由农民直接从同行中选举产生,其活力和效率非常明显。

早在1976年,艾奥瓦州就根据州法律确定代扣玉米会费做法。1977年后,该州玉米种植者三次提高代扣会费的比例,目前,已增加到每蒲式耳3/4美分。收取的会费由选举产生的艾奥瓦玉米推广局根据州法律管理。

代扣会费主要用于推广玉米使用、创新玉米使用途径、鼓励海外买家购买,以及对消费者和食品专业人员的教育。1984年,可口可乐及百事可乐公司在可乐中使用玉米糖浆取代糖。玉米推广局通过宣传单、电台广告、乙醇免费热线,影响消费者、加油站和玉米种植者。目前,该州乙醇产量占美国的三成。2008年,玉米推广局申请了包括防晒霜、增塑剂等5项玉米产品专利。

正在进行的研究集中在利用玉米淀粉和纤维取代石油原料,制造塑料、糖衣或涂层、黏合剂。一些项目还在研发新品种以提高产量。艾奥瓦州91%的玉米种植面积为转基因产品，多数产品给本地饲料厂加工饲料或给乙醇加工厂制作生物燃料，形成比较完整的产业链。

艾奥瓦州大豆协会也有类似的措施，协会由选举产生的21位农民志愿人员管理，主要致力于开发有助于扩大农民利润的项目，同时利用大豆代扣会费及其他资源推广环境友好的农业生产。

会费基金用于实施病虫害管理项目，维持高产量。大豆协会推出许多项目，帮助农民了解行业信息及科研成果。比如农场网络项目为农民提供农业工具信息，如远程感应、全球定位系统、产量检测仪；搜集有助于增加种植者利润的相关信息；协助农民试种某些品种。

此外，艾奥瓦州各个具体的行业协会负责行业的方方面面，如大豆食品委员会涉及以大豆为原料的各种食品服务；大豆运输同盟联合7个州的大豆董事会及美国大豆协会，协调大豆运输环节；艾奥瓦生物柴油董事会则负责从生产、配送到最终用户的所有环节；大豆饲料信息中心提供各种有关大豆作为牲畜、家禽及特殊市场的重要蛋白质补充的信息来源。大豆还被用来制作燃烧持久的洁净蜡烛。

生产种子、化肥、杀虫剂等农用材料的农业企业，通常会有许多跟踪服务，注重与农民的沟通，了解农民需求。良好的信誉确保农民在购买生产资料时没有太多后顾之忧。

总之，美国农业社会服务体系为农民提供了多种选择。无论农民种植有机作物、转基因作物，还是常规作物，在上至农业部，下到行业协会的网站中都有权威的信息提供种植标准、管理要求、市场准入、销售渠道等各种支持，确保市场的多样性及农民的知情权。

● 知识农民科学种田。

在美国，知识型农民使现代化农业设施更好地发挥了作用。艾奥瓦州许多农民都受过大学农业专业教育，他们更容易接受新知识，并愿意运用电脑、智能手机、互联网等手段交流行业信息，了解市场需求。

与此同时，美国农民十分注重科学种田，通过科学的农田管理方法，在提高产量的同时减少对环境的影响，增加农田肥力。

以艾奥瓦州的农民为例，他们不断采用新技术和生产实践改善水质，减少化肥、杀虫剂对水质的影响。艾奥瓦州水资源丰富。过去数十年中，艾奥瓦州农民采用土壤测试、养分管理、耕种管理及残留庄稼管理、庄稼轮种以及其他精细农业技巧，减少水土流失及化学物质流入、沉积于当地水系。美国农业部数据显示，自1987年以来，艾奥瓦州的侵蚀率下降了33%，这意味着流入当地水路中的土壤、氮和磷等成分都在减少。美国地质服务机构也发现，1996—2006年间，艾奥瓦州及美国其他玉米主产地的水系中除草剂和杀虫剂的使用率降低了11%。与此同时，该州的玉米产量提高了83%，这些都要归功于新的生产方式和先进技术。

为保持土地肥力，艾奥瓦州很多农场实施轮种，大豆和玉米每年只种一季。秋收后开始依据科学方式施肥、恢复田力。艾奥瓦州立大学农业专家会定期访问农场，对农民进行现场指导，教他们尽量减少耕作，用秸秆保持土壤湿度。艾奥瓦州农民每年投入约3.45亿美元用于水土涵养，该州农民还自愿恢复了10万多公顷湿地。

艾奥瓦州农民向州玉米大豆协会缴纳会费的近四分之一用于品种研究和相关推广。过去8年中，代扣会费资助的项目使每蒲式耳玉米产量中减少20%的氮用量，既提高了生产力，又减少了对环境的污染。

——马桂花.半月谈（内部版），2013（2）

八、建立家庭农场的环境可持续经营

(一)农业环境污染

农业环境污染是指由于现代工农业生产的发展,大量的工业废弃物和农用化学物质进入到农田、空气和水体中,其含量超过农业环境本身的自净能力,导致农业环境质量下降的问题[①]。而农场环境污染是农业环境污染的组成部分之一,农场的环境污染打破了农场自身的小生态平衡,使得农作物产量、质量下降或者受到有害物质的污染,人和牲畜食用后影响人和牲畜的健康。

产生农场环境问题的主要因素有工业污染,包括工业废气、工业废水、工业固体废弃物造成的污染,这些污染渗入空气和土壤,影响农作物的产量与质量[②]。

还有农业污染,主要包括对不科学和过量的施用化肥造成的污染、农用薄膜造成的"白色污染"[③],还有秸秆燃烧造成的污染,以及农村生活对家庭农场的危害。

(二)建立家庭农场的环境保护体系

在家庭农场的发展过程中建立环境保护体系,实现循环、可持续发展显得尤为重要。实现农场循环发展通常从"3R"原则即减量化、再循环、再利用三方面进行。

1. 源头控制减量化

源头控制减量化原则是农场循环经济的重要组成之一,是实现农场循环经济的第一步和基础,是再循环和再利用的先决条件,只有实现了减量

---

① 易敏,刘桢,冯靖,肖金.环境污染对农业生产的影响.中国环境管理干部学院学报,2010
② 刘青松.农村环境保护.北京:中国环境科学出版社,2003
③ 孙铁珩,宋雪英.中国农业环境问题与对策.农业现代研究,2008

化原则，再循环和再利用才有意义。循环农业的减量化原则是指在保证社会经济系统物质需求的情况下，减少对自然资源的索取，减少农业投入成本，从而减少人类经济活动对自然生态系统的压力，提高农业生产效率[①]。

　　落实减量化的措施，首先，加强对减量化的宣传力度，增强农场农户对减量化的生产意识[②]。家庭农场要率先树立生态环境意识，同时增强对化肥过量化的危害认识，提高减量化的实施意愿。比如，可以与当地农业部门合作，加大对测土配方的培训规模，强化减量化施肥的推广力度。我们可以举一个减量化原则在农场养猪产业的应用。

　　由农场养猪产业实行减量化原则图5-1可以看出，养猪主要产生两大污染，一是养猪产生的污水，二是生猪的排泄物。产生的污水进入沼气池与其他物质一起进行发酵，形成的沼气用于生产和生活；剩余的沼渣一部分用于水产养殖，另一部分进入有机肥加工车间，作为有机肥的原料之一；而沼液也作为有机肥，用于农作物的生产。生猪的排泄物被运到有机肥加工车间，进行有机肥的生产，生产的有机肥同样用于农产品的生长发

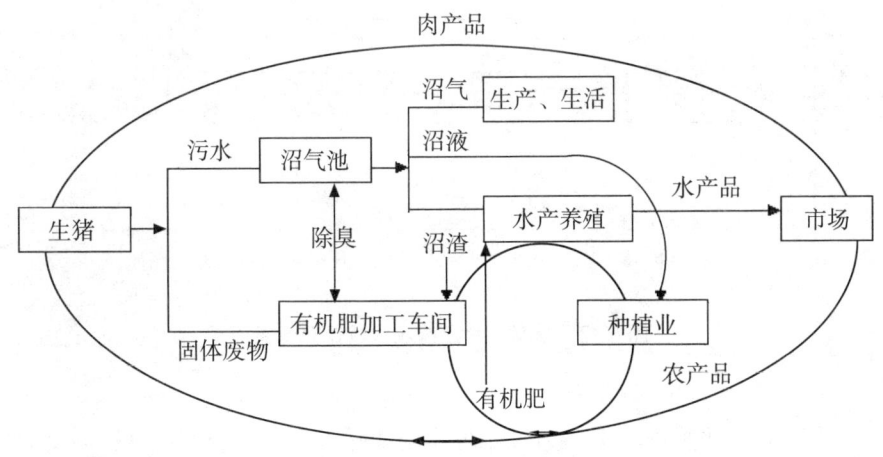

图5-1　农场养猪产业的减量化应用

---

① 谢齐玥，张广胜.辽西玉米产区农户氮肥减量化因素分析.沈阳农业大学学报，2013（6）
② 徐卫涛，张俊飚，李树明，周万柳.循环农业中的农户减量化投入行为分析——基于晋、鲁、鄂三省的化肥投入调查.资源科学，2010

育。这一减量化过程,不仅减少了养猪行业产生的污染物的量,实现了减量化原则,同时通过一个小型的循环体系实现了再循环和再利用的原则。

家庭农场通过减量化措施,可以减少过量施肥导致的环境污染,也可以降低对人体的危害,还可以降低资源和化肥的使用量成本,在产量不变的情况下,提高经济效益。

2. 生产过程控制及再循环原则

农业的再循环是指从农业整体角度建立农业与相关产业之间物质循环的产业系统,使农业系统与生态工业系统相互交织,资源多级循环利用来减少废弃物排放。我们可以举一例说明再循环在桑树、甘蔗等农作物循环体系的应用(图5-2)。

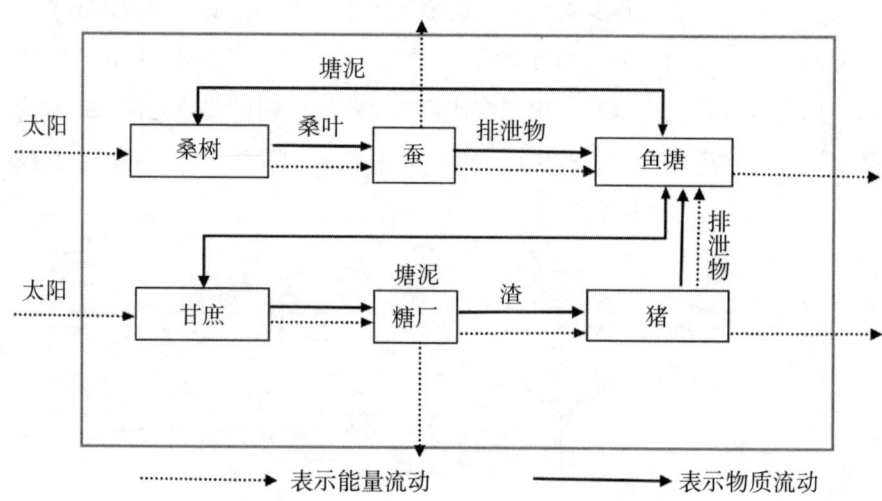

图5-2 桑树、甘蔗等农作物循环体系

在太阳的照射下,桑树通过光合作用和呼吸作用,吸收自身所需要的营养和水分供其生长发育。桑树的再循环原则应用是间接的,桑树产生的桑叶被蚕食用生产蚕丝,同时产生的蚕的排泄物作为鱼塘的养分被循环利用。这一环节是桑树实现再循环原则的主要组成部分。甘蔗和桑树一样经过自身的光合作用和呼吸作用生长,糖厂利用成熟的甘蔗制成我们食用的散装糖;而剩下的甘蔗渣可以作为食物被猪食用;猪的排泄物同样成为鱼塘的养分。

家庭农场尝试再循环方式进行生产,技术是实现再循环原则目标的基础之一,再循环原则只有在技术的作用下才能发挥其作用。新的技术还可以为家庭农场带来新的经济效益。

3. 农场废弃物的再利用

实现农场废弃物再利用原则是实现循环经济的最后步骤,废弃物的再次利用不仅可以减少废弃物对农场的环境污染和影响,还可以再次实现资源的多级利用。农场废弃物在其他的工艺流程中作为资源被利用,可以减少对资源的使用,降低生产成本,提高经济效益。

比如,秸秆废弃物的再利用原则,是将农业生产过程中的副产品——农作物秸秆,通过加工处理变为有用的资源加以利用,实现农作物秸秆资源化(肥料化、饲料化、原料化、能源化),如表5-1所示,消解环境污染和生态破坏,保障农业可持续发展战略实施[①]。

表5-1 农村秸秆各种方式使用比例

秸秆使用类型	所占比例(%)
露天燃烧	20.40
家庭燃烧	50.00
还田	24.30
沼气	5.30

再利用原则在农业的重要运用的具体体现是"白色农业"。"白色农业"目前在农村运用最典型的就是沼气,人与畜禽粪便和农业废弃物通过微生物发酵产生沼气,为农民的生产和生活提供清洁能源,化害为利,变废为宝。

秸秆发酵生产沼气,是一个生物化学转化过程,即将秸秆或秸秆与生活垃圾、人畜粪尿等有机物混合后,在厌氧环境及一定的温度、酸碱度、

---

① 马先章. 利用农作物秸秆开发食用菌生产大有可为. 山东农业,2003(2)

水分、碳氮比的条件下，通过微生物发酵作用生产沼气[①]。图5-3以户用秸秆沼气技术为例，对秸秆如何形成沼气进行距离。

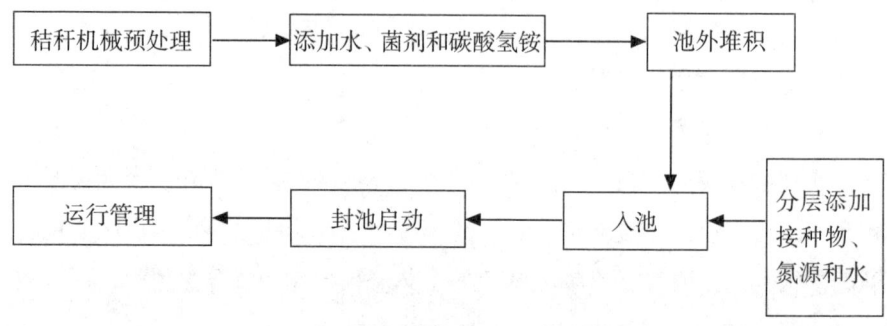

图5-3　户用秸秆沼气技术工艺流程图

> **链接案例**　台湾省的生态农庄，好口碑带来好效益
>
> 　　对于台湾省的生态农庄，有不少建设者的最初目的是在乡村为自己营造一个能够亲近自然、亲近田野、远离俗世烦扰、远离现代都市生活的宁静港湾。因此他们在农庄建设过程中，不是将经济效益放在第一位，而是将环境的保护与改善、生态功能的恢复放在第一位。他们常常花费数年工夫，把很多钱投资到改善环境上。在种植或养殖生产过程中基本不施化肥、不打农药，有的甚至连农家肥也不使用。提高产量的主要措施就是靠逐年恢复、改善、培肥地力。其目的一是确保所处生态环境不受外来化学污染，二是确保自己的产品质量原汁原味，营养、安全、健康。
>
> 　　台湾省的生态农庄，非常注重产品的"口碑"而不是"品牌"。他们认为"口碑"比"品牌"更重要。因此，他们宁可将更多的精力,放在保证产品质量上,放在让顾客满意上。为保证产品安全营养，他们严格控制化肥、农药、除草剂的使用，宁可增加投入、减少产量，

[①] 张文倩，张衍林. 户用秸秆沼气技术的工艺研究. 农业生物环境与能源工程国际论坛，2008

也要保证产品质量；为了让游客品尝到口感最佳的产品，台湾省很多生态农庄免费对游客开放，目的是吸引游客自己到农庄购买最新鲜、成熟度最适宜的农产品。虽然建在偏远的郊区，但吸引游客自己到农庄购买产品，实现产品就地销售，不仅有利于保证产品的质量，还有一大好处就是农庄可以免掉一大笔销售费用。农庄生产的土鸡蛋，如果游客自己去购买，既可保证鸡蛋的真实性与新鲜程度，又可省掉将鸡蛋拉到市场销售的运输、破损、营销等费用。如果将鸡蛋贴上标签或标明品牌外销，储藏时间过长或保管方法不当，就有可能变质。如果产品几经转手，最终的消费者就会认为，是该农庄的产品质量没有保证。金杯、银杯不如百姓的"口碑"，"品牌"做不好，会毁掉多年积累起来的"口碑"。台湾省的生态农庄，吸引了众多游客慕名而来，不仅保持了产品持久旺盛的生命力，也最大限度地降低了资源消耗，保证了良好效益。

——作者改写自：雄飞.台湾省的生态农庄——一种值得借鉴的山区家庭农场发展模式

其实，在上述案例中可以看出，"3R"原则不是各自独立的，而是"你中有我，我中有你"的关系。在构建家庭农场的环境保护体系中，每一个原则都扮演着重要的角色。利用"3R"原则实现循环经济，不仅让农业实现了可持续发展，在降低生产成本的同时，还增加了家庭农场的经济效益。

附表　家庭农场扶持政策一览表

省市名称	注册登记认定	引导土地流向	涉农财政补贴	加强金融保险	提高社会化服务水平	政策创新点
山东	按政策规定确定其合法的市场经营主体资格。落实家庭农场注册免收登记注册费、验照年检费和工本费的规定	建立健全土地流转有形市场，开展土地流转供求信息、合同签订、价格指导、纠纷调解等服务	增加农业补贴资金规模，新增补贴向主产区和优势产区集中，向新型生产经营主体倾斜	开展金融创新，制定专项信贷政策和金融服务措施。加大金融支持力度。保险机构要创新商业性农业保险险种	推进公益性基层农技推广服务体系建设，支持涉农企业、物流、供销、保险等机构参与经营性社会化服务体系建设	1.加强新型农民职业培训：对家庭农场经营从业者开展普及性培训、职业技能培训等 2.开展家庭农场示范创建活动：制定家庭农场示范评定标准，开展示范评定 3.落实经营用地等优惠政策
安徽	鼓励符合条件的家庭农场办理工商注册登记，取得相应市场主体资格	鼓励有条件的地方整合相关项目资金，按照规划建设连片成方、旱涝保收的优质农田，优先流转给示范性家庭农场	采取直接补助、以奖代补、贷款贴息等方式，支持家庭农场开展各项工作。鼓励为符合条件的家庭农场提供融资性担保服务	进一步提高对家庭农场的信用贷款的投放额度、扩大抵押贷款权，扩大政策性农业保险覆盖范围，开展家庭农场互助合作保险和家庭农场综合性保险试点	把家庭农场作为重要服务对象，指导家庭农场应用优质高产品种和标准化生产技术，开展病虫害统防统治、测土配方和农机化等技术系列服务	1.开展示范家庭农场培育行动：开展示范家庭农场认定工作，建立示范农场名录制度 2.开展家庭农场经营者培训：制定新型农民培训计划，以阳光工程等新型基地免费培训基地免费培训家庭农场经营者 3.推进家庭农场的联合与合作：积极推进以龙头企业为核心，合作社为纽带，家庭农场为基础的产业组织体系建设

续表

省市名称	注册登记认定	引导土地流向	涉农财政补贴	加强金融保险	提高社会化服务水平	政策创新点
浙江	创办家庭农场应按省工商局《浙江省家庭农场登记暂行办法》进行注册登记。工商部门要开辟绿色通道，依法免收注册登记相关费用	大力鼓励农民以土地承包经营权入股、组建股份合作社等，有条件的地区对长期流出土地农民以灵活社会保险参加就业人员可给予适当的保费补贴	参照农民专业合作社政策，鼓励家庭农场投身粮食生产功能区等，探索建立"以补代建"机制。对省级示范性家庭农场，通过贷款贴息、项目补助、奖代补等形式予以支持	金融机构要强化对家庭农场的信贷支持力度，有条件的地市、县要对其贷款给予贴息。扩大政策性农业保险覆盖范围，鼓励地方特色品种，开展家庭农场综合性保险试点	基层农业公共服务中心要将家庭农场作为重要服务对象，建立农技人员联系制度，引导各类农业社会化服务组织与家庭农场对接机制	1. 规定了省级示范性家庭农场条件，包括对家庭农场经营者、家庭成员、经营土地、经营规模以及设施装备水平等反面的规定 2. 加快人才培养：落实支持大学毕业生从事现代农业的相关政策，吸引大中专毕业生、退役军人、外出务工青年农民等从事农业。加强农村经纪人等农业职业技能鉴定工作，提高农业劳动者生产技能 3. 执行税费优惠政策：享受国家规定的有关农业减免税政策
重庆	规定了家庭农场的认定条件：如家庭农场经营者、收入、规模、完整的财务收支记录等方面	有效提供农村承包土地流转供求信息、合同指导、价格协调、纠纷调解等服务，引导农村承包地向家庭农场流转，依法、自愿、有偿、有序地向家庭农场流转	支持鼓励家庭农场参加农业保险和受保，并享受保险保费补贴等优惠政策	积极争取财政、税务、金融等部门支持，研究制定家庭农场有关扶持政策	支持鼓励各类公益性和经营性农业社会化服务组织将家庭农场作为重要服务对象，提供优良品种引进等服务。支持鼓励家庭农场利用自身技术、机械、信息和营销等优势为农户提供服务	1. 鼓励多元发展：支持鼓励种养专业大户、农机大户、返乡创业农民工等市场主体，以种植业、养殖业为主，兴办家庭农场 2. 引导联合合作：探索构建"农户+家庭农场+合作社+农业龙头企业"的"四位一体"新型农业经营主体发展体系 3. 推进信息化建设：适应现代农业发展需要，开展家庭农场网络服务平台建设、信息采集和家庭农场个性化网站建设等

续表

省市名称	注册登记认定	引导土地流向	涉农财政补贴	加强金融保险	提高社会化服务水平	政策创新点
福建	开展家庭农场注册登记，明确法人资格，享受与农民合作社同等优惠待遇，制订出台相应扶持政策	总结推广土地规范流转的创新模式。支持农户依法采取转包、出租、互换、转让、股份合作等形式流转土地	加大各级财政扶持力度，省级以上财政每年安排不少于3 000万元专项扶持资金，用于培育建设150家省级农民合作社示范社	支持金融机构采取"企业+农民合作社+农户"、"企业+专业大户"、"企业+家庭农场"的金融服务模式，扩大对农户的贷款额度，逐步将规模化、设施化生产的特色农产品纳入政策性保险范围	提升农产品质量安全水平，建立健全农产品质量安全监管体系，大力推进农业标准化工作	1. 人才培养：探索"定向委培"、"校企共建"、"绿色通道"等方式，为基层农技推广机构、农业企业培养专业技术人才 2. 完善农产品市场体系：重点支持重要农产品集散地建设 3. 推广应用先进信息技术：建设完善农业物联网公共服务平台，推进传感技术、二维码标识等信息技术在农业生产和农产品流通、质量安全管理系统中的应用 4. 加快农产品电子商务平台建设，引导各类经营主体加大农产品网络营销

204

续表

省市名称	注册登记认定	引导土地流向	涉农财政补贴	加强金融保险	提高社会化服务水平	政策创新点
青海	加强新型农牧业经营主体认定管理。根据产业发展水平和生产要求，制定不同类型经营主体的认定条件和认定标准。采取自下到上的申报认定程序，全面加强新型经营主体资格认定管理	促进土地和草场使用权和集体林权有序流转。建立健全土地草场流转服务中心和利到纠调处机制，积极开展信息发布、合同签订、价格评估等服务	加大项目资金扶持。各级财政每年安排一定的专项发展资金，建立稳定的投入增长机制。加大财政保费补贴力度，扩大保险范围，健全农牧业再保险体系，建立农牧业防灾风险分散机制	支持银行业金融机构和小额贷款公司加大对新型经营主体的信贷投入。设立农业融资担保资金，建立健全省、市（州）、县三级政府贷款担保平台	完善市场信息服务。支持各类新型经营主体参加省内外农畜产品展销推介活动，拓展新兴市场，加强县级服务大厅、牧区服务网点等农牧信息化建设，打造面向全省的综合信息服务平台	1. 积极开展电子商务、信息采集与发布等服务。探索完善"农超对接"、"农企对接"、"田间市场"等运营模式，建立农畜代流通体系，开拓农畜产品营销渠道 2. 建立健全协作发展机制：支持各类经营主体开展农资供应、农机作业、技术指导、疫病防治、市场信息、产品营销等相关服务，相互促进、共同发展 3. 广泛宣传动员：组织开展多种形式的宣传走访活动，讲解新型经营主体培育工作的相关政策，进一步完善农牧民自主参与意识，增强农牧民社会参与意识

续表

省市名称	注册登记认定	引导土地流向	涉农财政补贴	加强金融保险	提高社会化服务水平	政策创新点
江西	全面做好农村土地承包经营权登记。每个区市都要积极开展农村土地承包经营权登记试点，并在总结试点经验基础上，逐步推进确权登记工作	积极引导农村土地有序流转。建立健全土地流转服务体系，夯实土地流转基础	进一步完善财税支农政策，促进支农项目与新型农业经营主体有效对接。创新税收管理方式，落实农业经营主体相关税收优惠政策，进一步简化办税环节，优化办税流程	完善金融机构支农贷款考核办法，加大涉农贷款考核权重。建立保险公司与涉农金融机构政策互补、风险共担机制，大力发展农业保险和农民互助保险，构建适度竞争的农业保险市场体系	强化农业公益性服务体系建设。着力培育农业经营性服务组织，积极拓宽农业社会化服务领域。加快创新农业社会化服务方式	1.突出产业规划和结构调整，坚持因地制宜，凸显特色，能融合农村一二三产业发展规划和农业结构调整的特色产业发展现代农业和农业项目区域内经营依法审核，可直接用于农产品生产设施用地

续表

省市名称	注册登记认定	引导土地流向	涉农财政补贴	加强金融保险	提高社会化服务水平	政策创新点
上海	在区县农业部门建立家庭农场初始登记制度。各级农业部门要明确认定标准，开展家庭农场名录建档，为家庭农场提供法律政策咨询、流转信息发布、流转价格评估、合同签订指导和利益关系协调等服务	加强全市涉农乡镇土地流转服务平台的规范化建设，健全农村土地流转服务网络，为农村土地流转提供法律政策咨询、流转信息发布、流转价格评估、合同签订指导和利益关系协调等服务	安排专项奖补资金，对土地出租期限较长的流出农户和引导培育家庭农场发展的村委会实行考核奖补，将家庭农场纳入现有财政支农政策扶持范围，通过贷款贴息、项目补助、定额奖励等形式	积极创新担保方式，将家庭农场纳入小额农户信贷保证保险范围，为家庭农场提供生产所需贷款服务。增加农业保险在家庭农场的险种，为家庭农场发展提供保障	加快构建新型农业社会化服务体系，培育多元化、多形式、多层次的农业生产性服务组织，为家庭农场提供各类服务	1.执行家庭农场工商税费扶持政策：家庭农场按规定享受国家对农业生产、加工、流通服务和其他涉农经济活动相应的税收优惠 2.加大电力支持力度：家庭农场中从事粮食、蔬菜等种植业的用电，粮食烘干机械的用电，以及各种畜禽产品养殖、水产养殖的用电，执行农业生产用电价格

后记
POSTSCRIPT

《怎样做好家庭农场》在国家政策刚刚推出关于家庭农场的鼓励措施后不久就与读者见面了,可以说是国内关于家庭农场如何经营和管理的第一本书。

本书共分为五个部分。分别是导入篇、政策篇、经营篇、管理篇、升级篇。绝大多数问题首先使用引导案例来吸引读者阅读,然后分析该问题,之后再链接一个案例来引发读者联系自身实际展开思考。笔者希望能够用亲身实践家庭农场的经验、思考以及关注农业的良知,为我们的农民朋友实现家庭农场的发展有所贡献。

本书的出版,要感谢那些在家庭农场实践中率先试水的农场主们,感谢该课题的研究者们,感谢那些在资料搜集、文字校对方面给予我们帮助的同学们,他们是李博文、梁蓉、张晶、陈慧强、贾敏、韩文慧、王珂等,特别要感谢中国农业科学技术出版社的张孝安编审以及他们的团队,正是每一位参与者的认真、细心和对农民朋友的拳拳之心,使作者为家庭农场的建立与发展而编写一本好书的美好愿望变成了散发着墨香的书卷,愿这本小书能够为中国农业发展有所助益!

杨伟民博士　胡定寰博士

2014 年 4 月